Über dieses Buch   Die »verrückte Gräfin« Franziska zu Reventlow (1871–1918) zählt zu den schillerndsten Figuren der Schwabinger Boheme der Jahrhundertwende. Gerade volljährig geworden, verließ sie ihr hochadliges Elternhaus in Norddeutschland und schickte sich in München an, das freie Leben einer Künstlerin zu führen. Als Malerin, Sängerin, Schauspielerin und Kunstgewerblerin hatte sie nicht viel Fortune, um so mehr Glück bei den Männern. Sie ließ kaum eine Gelegenheit für Liebe oder Sex ungenutzt. Bei ihren Verehrern und Liebhabern galt sie als »heidnische Madonna«, die den Sinn des Lebens in der Erotik suchte. (Und in der Sorge für ihren heißgeliebten unehelichen Sohn.) Bei allem Erfolg in Affären und Amouren blieb sie zeitlebens mittellos. Recht kärglich schlug sie sich als Autorin und Übersetzerin durch, stets verfolgt von Gerichtsvollziehern und Kündigungsterminen. Freilich gehört sie zu den ersten Frauen, die sich mit Schreiben durchbrachten. Wenn auch gegen ihre erklärte Überzeugung: Frauen, meinte sie, seien nicht für einen Beruf geschaffen, sondern für ein Leben in Lust und Freude. Als Vorkämpferin der Frauenbewegung läßt sie sich nicht vereinnahmen. Eher ungewollt wurde sie zur Heldin der erotischen Emanzipation: Sie diskutierte nicht über die freie Liebe, sie lebte sie. Und indem sie aus diesem Leben auch noch Literatur machte, wurde sie zu einer der eindrucksvollsten Schriftstellerinnen der Jahrhundertwende, deren Werke zunehmend Interesse finden. (Im Fischer Taschenbuch Programm sind folgende Werke von Franziska Reventlow lieferbar: »Romane« (Band 2038), »Tagebücher« (Band 1702) und »Briefe« (Band 1794).

Der Autor   Helmut Fritz, 1939 in Salmünster/Hessen geboren, studierte in Frankfurt Soziologie und Psychologie. Als Mitarbeiter renommierter Zeitungen und fast aller westdeutscher Sender hat er sich einen Namen gemacht. Für seine Feature-Arbeiten wurde er mehrfach ausgezeichnet, unter anderem mit dem Kurt-Magnus-Preis und einem Hauptpreis der Internationalen Film- und Fernsehjury in Oberhausen. Er lebt in Frankfurt. Der vorliegende Reventlow-Band ist seine erste Buch-Veröffentlichung.

Helmut Fritz

Die erotische Rebellion

Das Leben
der Franziska Gräfin zu Reventlow

Fischer Taschenbuch Verlag

Originalausgabe
Fischer Taschenbuch Verlag
Dezember 1980

Umschlagentwurf: Jan Buchholz / Reni Hinsch
unter Verwendung eines Fotos
aus dem Deutschen Literaturarchiv Marbach

Fischer Taschenbuch Verlag GmbH, Frankfurt am Main
© 1980 Fischer Taschenbuch Verlag GmbH, Frankfurt am Main
Gesamtherstellung: Hanseatische Druckanstalt GmbH, Hamburg
Printed in Germany 1980
780-ISBN-3-596-22250-8

Inhalt

»Es gibt Gemüter, die nie zur Ruhe kommen,
die abwechselnd des träumerischen Sinns und des kräftigen Wirkens,
der reinen Leidenschaft und der ungezügelten Genüsse bedürfen,
und die darum jeden phantastischen Schrittes, jeder Torheit fähig
sind.«[1]
»Der nächste Freiheitskampf der Menschheit
wird gegen den Feudalismus der Liebe gerichtet sein.«[2]

Frank Wedekind

»... dem innerlich freiesten und natürlichsten Menschen, dem ich
begegnet bin, gleichmäßig ausgezeichnet von höchstem weiblichem
Charme, gepflegtester geistiger Kultur, kritischster Klugheit, an-
mutigstem Humor und vollkommenster Vorurteilslosigkeit ...«
»Unter allen reichen Eigenschaften, die Franziska zu Reventlow
auszeichneten, dem herrlichen Lebensmut, trotz ewiger Krankheit,
ewigem Mißgeschick und quälendster Armut, der Selbstverständlichkeit, Handeln und Denken nur den Gesetzen des eigenen morali-
schen Gewissens zu unterwerfen, unbekümmert um alle Konventionen und gesellschaftlichen Vorurteile, der Arbeitsenergie, die sie
heute zu simplen Näharbeiten, morgen zu Glasmalereien und dazwischen zu wertvollen Übersetzungen aus dem Französischen und zum
Schreiben ihrer überlegen-humorvollen, stilistisch ausgezeichneten
Novellen befähigte – unter allen diesen Tugenden ruhte der seelische
Halt der Frau ganz und gar in ihrer Mutterliebe. Freilich war sie eine
viel zu lebenshungrige und künstlerisch bewegte Natur, um sich
nicht unbedenklich den Launen ihres sinnlichen Begehrens zu überlassen ...«
»... sie war ein Mensch, der wußte, was Freiheit bedeutet, ein
Mensch ohne Vorurteil, ohne traditionelle Fesseln, ohne Befangen-
heit vor der Philistrosität der Umwelt.«
»Sie trug, außer ihrem Namen, nichts an sich, was vom Moder der
Vergangenheit benagt war.«[3]

Erich Mühsam

Franziska Gräfin zu Reventlow
Ölportrait von Marie von Geyso (um 1903)

Ein Gladiator der neuen Zeit

> »Wie bürgerlich ist gegen die Verliebtheit die Liebe«
> *Else Lasker-Schüler*[1]★

Franziska Gräfin zu Reventlow war schon zu ihren Lebzeiten eine Legende in Schwabing und darüber hinaus in
den literarischen Kreisen Deutschlands. In der sexuellen
Bigotterie der wilhelminischen Gesellschaft besaß sie den
Mut zur öffentlichen Unmoral, zur Verherrlichung der
freien Liebe ohne Schuldkomplexe, zur freien Mutterschaft jenseits der patriarchalischen Familie.

Fünfzehn Jahre lang vagabundierte sie mit ihrem Sohn
Rolf, dem demonstrativ »vaterlosen« Kind, über die
Schauplätze ihres unsteten Lebens: Münchner Ateliers,
flüchtige Logis, Hotelzimmer, Strandpensionen im Süden und schließlich das Exil in Ascona.

In der Liebe war sie auf Abenteuer aus und auf Genuß.
Um sich und ihren Sohn am Leben zu halten, hat sie ihre
Liebe auch gelegentlich verkauft. Die selbstbestimmte
Sexualität, nicht der Beruf, den sie als eine Plage der
Männer haßte, war für sie die höchste Trophäe der Eman-
zipation. Zeitgenossen sagten ihr nach, sie sei wie die Lulu
des Erdgeistes gewesen, »eine Herrin der Liebe, die alle
Typen des Männlichen kannte«.[2] Sie hat eine Liebes-
Philosophie verfaßt, die »Amouresken«, worin der Mann
als überpersönlicher Sexualtyp auftritt, der auf den Sam-
melnamen »Paul« hört. »Paul ist immer etwas Lustiges,
Belangloses, ohne Bedenken und ohne Konsequenzen.
Aber er kommt immer wieder, wenn auch jedesmal in

★ Die hochgestellten Ziffern verweisen auf die Anmerkungen, S. 166–173.

etwas veränderter Form und Gestalt. Paul kann alles mögliche sein, verheiratet oder Junggeselle, Leutnant, Ingenieur, junger Arzt, Afrikareisender – es kommt auch vor, daß er gar keinen Beruf hat. [...] Paul ist auch selten eifersüchtig, wahrscheinlich, weil er sich seiner wechselvollen Vergänglichkeit dunkel bewußt ist.«[3] So schrieb sie in den »Amouresken«, diesen erotischen Konfessionen einer Frau, worin der Mann der Gründerzeit um Neunzehnhundert, der Held einer männlich-martialischen Epoche, zur Spielfigur degradiert ist.

Am Dasein der Franziska zu Reventlow hatten die Männer nur teil als Liebhaber, Freunde oder »Wohltäter«, nicht aber als Eheherren, Haushaltsvorstände, Alleinherrscher oder »Schiffskapitäne mit Zuchthaustendenzen«.[4] Ihren Freiheitswillen mußte sie teuer bezahlen: Zeit ihres Lebens existierte sie in ungesicherten Verhältnissen, hatte weder einen festen Bruf noch ein regelmäßiges Einkommen, oft war sie ohne Obdach und ihre Habe verpfändet.

»Das Leben ist ein Narrentanz, ein Affentheater« (Tagebuch, 7. Februar 1900), so schrieb sie, eine Komödiantin des Lebens, die auf der Bühne Schwabings jede erdenkliche Rolle gespielt hat: Schuldnerin, Hochstaplerin, Kurtisane, Dilettantin in allen Künsten, Schriftstellerin und ihr eigentliches Meisterstück – die Doppelrolle als Bohemienne und Mutter.

Eine Vorkämpferin der Frauensache war sie nicht: Politische Emanzipation, Frauenwahlrecht, die Frau im Staat – das scherte sie wenig. Aber sie hatte eine individuelle Vorstellung von Freiheit – und lebte danach. Dabei kam sie ganz ohne Programme und Theorien aus, sie lebte in den Tag und in die Nacht hinein, im Kopf und im Bauch nur die luxuriöse Vorstellung einer auf Wohlleben, Sinnlichkeit, Kreativität und Mutterschaft gegründeten Frauenexistenz. Eine Utopie, die oft in groteskem Gegensatz stand zur Dauermisere ihres Lebens.

In ihrem autobiographischen Jugendroman »Ellen Olestjerne« nannte sie sich pathetisch und ein wenig ironisch
eine »Märtyrerin für die Freiheit«, und, Lasalle zitierend,
einen »Gladiator der neuen Zeit«.[5]
Franziska Gräfin zu Reventlow starb, 47jährig, 1918 in
Ascona. Das Alter, der natürliche Feind ihres erotischen
Lebens, war ihr erspart geblieben.

»Nichts ist für uns furchtbar, wenn wir Gladiatoren sein wollen.«
Tagebuch, 18. Februar 1895

Eine der buchstäblich herausragenden Figuren der
Münchner Boheme zu Beginn des Jahrhunderts war ein
Zugereister, ein Fremdling aus dem Norden, noch viel
nordischer als die Schleswig-Holsteinerin Reventlow.
Dieser Mann, der an normalen Werktagen, falls es das in
Schwabing gegeben haben sollte, in der Tracht bayeri-
scher Gebirgler herumlief und dazu Norwegisch sprach,
war der Simplizissimus-Zeichner Olaf Gulbransson. Die
Komik seiner Erscheinung steigerte er noch, wenn das
Münchner Leben seinen Höhepunkt erreichte, im Fasching. Korfiz Holm, Lektor bei Albert Langen, dem
Herausgeber des »Simplizissimus«, erinnert sich: »Gulbransson trug auf diesen Maskenfesten gern ein sonderba-
res Clownsgewand: unendlich weite, um die Knöchel
zugebundene Hosen, die ihm bis an die Achselhöhlen
reichten, dazu als Jacke nur eins jener spitzenbesetzten
Damenunterhöschen, wie man sie damals trug, und auf
dem runden Kahlkopf einen durch ein Gummischnür-
chen festgehaltenen winzigen Zylinderhut. So ausstaffiert
brach er in München Herzen, dieser Riese mit dem dröh-
nenden Barbarenlachen.« (Korfiz Holm, »ich, kleingeschrieben«)[1]
Schauplatz solcher Maskenfeste war oft die »Elendskirchweih« in Pullach, damals noch ein idyllischer Ort im
Isartal. Zur Gesellschaft zählte auch die Gräfin, die im
Tagebuch vermerkt, sie hätte sich »als die Wildeste und
Schönste im ganzen Saal« gefühlt. Um sie herum die

anderen Schwabinger Größen, ihre beiden Hausgenossen Franz Hessel und der polnische Kunstgewerbler Bogdan von Suchocki, genannt Such, weiter Wolfskehl, Wedekind, Roderich Huch (Rodi), oder Literaten wie Friedrich Huch und Oskar A. H. Schmitz – »und Klages stand abseits und betrank sich«,[2] so Ludwig Klages in seiner in der dritten Person verfaßten Autobiographie.

Mieze Römermann, eine Freundin der Reventlow und Schwabinger Novizin, hat dieses Fest ebenfalls gewürdigt, wie es überhaupt kaum einen der damaligen Akteure gibt, der nicht über die Münchner Boheme geschrieben hätte – mit sich selbst als Hauptdarsteller.

Dieselbe Szene noch einmal aus der Sicht von Mieze Römermann: »Ich hatte mich als zerlumptes Zigeunermädchen kostümiert: grobes Bauernhemd, ein dichtgekrauster Rock aus starkblauem Fahnentuch, dem ich der Echtheit [...] halber über dem Knie ein Triangel hineingerissen hatte, durch das der bunte Unterrock hindurchschaute, bloße Beine und Opanken an den Füßen mit rotem Band verschnürt, um die losen Haare ein rotes Bauerntuch geschlungen, Goldringe an den Ohren, Glasperlen um den Hals – fertig. Als wir uns bei Wolfskehl mit den anderen Schwabingern treffen, um zusammen ins Isartal zu fahren, kommt auch Stefan George herein, um uns alle prüfend zu betrachten, kommt auf mich zu und sagt mit seiner schnarrenden Stimme sein Urteil, daß ich die beste Maske sei. [...] Die Reventlow war als Hingerichtete erschienen mit einem feinen roten Strich um den Hals und im Armensünderkleide, auf das sie, der Echtheit halber, etwas rote Tinte verspritzt hatte. Suchocki, der als Henker im rasselnden Kettenhemd erschienen war, fuchtelte wild mit seinem Schwert umeinander, Wolfskehl war ein imponierender Höllenfürst – und so waren noch viele charakteristische Masken da.«[3]

Der »Echtheit halber« und um die Verläßlichkeit von Memoirenliteratur zu testen, sei hier noch einmal Korfiz

Holm zitiert, der ebenfalls auf dieser legendären Schwabinger Elendskirchweih anwesend war, wie immer im tadellosen Smoking.

Als Chronist erinnert er sich deutlich an die Erscheinung der Reventlow, bei ihm hat sie aber weder einen roten Strich am Hals noch war sie mit Tinte besprizt, vielmehr »prangte sie in einem echten türkischen Kostüm. Um ihren Kopf war, andeutungsweise turbanartig, ein blauer Fetzen Crepe de Chine gewürgt, große in Halbmondform aus Messingblech gestanzte Scheußlichkeiten trug sie an Schlingen von schwarzem Zwirn über die Ohrmuscheln gehängt. Das Tollste aber war, wie sie ihre goldbestickten Pantoffeln mit zwei Herrentaschentüchern an den Füßen festgebunden hatte. Als dies auch nichts nützte, tanzte sie für den Rest der Nacht vergnügt in Strümpfen weiter.«[4]

Die Gräfin selbst beschreibt ihren damaligen Aufzug so: »Vorbereitung zur Elendenkirchweih. [...] Kostümieren uns. Rodi, Mieze und ich [...]. Ich altes ›griechisches‹ Theaterkostüm mit Dolch im Herzen. Gehen dann zu Wolfskehls, holen ihn ab und fahren nach Pullach, von Großhesselohe mit Schlitten.« (Tagebuch, 5. Januar 1903)

Diese Schlittenfahrt, vielen Erinnerungsautoren unvergessen, war typisch für die Art der Schwabinger, den Rausch der Feste mit dem »Lebenstaumel« (Reventlow) zu verbinden. Mieze Römermann: »Es ging mit der Tram und Eisenbahn bis Großhesselohe, wo uns lange Bauernschlitten erwarteten, jeder mit vier dicken Rössern bespannt, Fackelreiter zur Seite, so wurden wir nach Pullach geleitet, wo beim Rabenwirt sich das fahrende Volk ein Stelldichein gab. Ich saß vorn auf dem Schlitten, über meinem dünnen Kleid einen Wetterkragen nur lose umgeschlungen und sah bald selig in den klaren Sternenhimmel hinauf, bald auf das bunte Volk um mich her...«[5]

In derselben Woche notierte die Reventlow in ihrem

»Römische Antike« – Faschingsfest im Hause von Karl Wolfskehl: die Reventlow als faunischer Bacchusknabe (links im Vordergrund), in der Mitte Alfred Schuler (mit römischer Lampe), Stefan George als Cäsar (mit goldenem Stirnband).
»Ich wollte, ich wäre in der Lage, zu behaupten, man müsse seine Feder in heidnisches Blut tauchen, um Wahnmochinger Bacchanale zu schildern, und wenn ich mein Buch schreibe, werde ich es wohl auch so aus-drücken.«[1]

Tagebuch noch eine Reihe weiterer Festlichkeiten: »Gehe heroisch nicht zum Bauernball, dafür zur Nachkirchweih. Such erscheint fast jeden Abend in einem anderen Kostüm. Zur Nachkirchweih Holländerkostüm. Rodi, Mieze, Such und Schmitz versammeln sich bei mir.«
»Zum Scharfrichterball. Rodi, Such und ich als griechische Knaben in schwarzen Trikots, roten Kränzen und weiß beschnürten Beinen, waren wirklich sehr schön. Such Keilerei mit dem schönen Meier, der mir ›zu nahe trat‹.«
»Sonntag das Wolfskehlfest, wieder im griechischen Kostüm, alles sehr wundervoll.«

15

»Montag Schererabend [...]. Im strömenden Regen zu Fuß heim, verlieren die anderen. [...] Fühle mich eros-durchleuchtet [...] ich mit der Maus (Anm. d. Verf.: der Sohn Rolf) und der ganzen Gesellschaft zum Straßenkarneval, abends zu Rodi, Beardsley holt mich ab. Alle müde, klappen ab, trotzdem ins Luitpold [...]. Spät noch mit Koch ins Leopold, komme heim, voller Konfetti.«

»Aschermittwochmorgen im Rodigarten, [...] mir ist frühlings- und lebensselig. Schlafe nachmittags von Rodi und Such behütet auf Rodis Bett unter grünem Plumeau, wie schon oft. – Das Panzerhemd hängt an meiner Wand und das Eisenhemd, darüber mein roter Weinlaubkranz.« Ein Wochenprogramm der Gräfin im Winter 1903. (Tagebuch, 5. Januar 1903)

Die Feste und Maskenbälle, die Wiesenzeit, die Saturnalien des Faschings und die aus heutiger Sicht harmlosen Hausfeten der Boheme, damals als »Orgien« verschrien, waren die größten Ereignisse in der Schwabinger Szene. Man verstand sie als eine Wiederbelebung alter heidnischer Bräuche. In der Umgebung von Klages und des Mythenforschers Alfred Schuler, in den Kreisen um Wolfskehl und George sah man in den Münchner Volks- und Privatfesten sogar den Widerschein dionysischer Urzeiten. Legendär sind die »Jours« bei dem Poeten Wolfskehl – (in dessen Wohnung auch George lebte, in einem abgeschirmten »Meisterzimmer«), jene festlichen Inszenierungen, in welchen man die Versinnlichung des Daseins feierte, mit Wolfskehl als Dionysos, George als Cäsar oder Dante, dem homoerotischen Schuler in Frauenkleidung als Urmutter Magna Mater und der Reventlow als Hermaphrodit.

Nach Erich Mühsam kannte Schwabing nur zwei Jahreszeiten: »Die erste umgab, anfangend mit der Eröffnung der Eisbahnen und endend mit dem Abschluß der Skisaison beim Schmelzen des Bergschnees, den Fasching; die zweite begann mit dem Abschluß der Starkbierzeit und hörte auf, wenn die Vorbereitungen zum Fasching zur Besinnung mahnten; sie gipfelte im Oktoberfest.«[6]

Das Lebensgefühl der Münchner Boheme zu Beginn des Jahrhunderts läßt sich am besten aus der Nähe und Wahlverwandtschaft zum Zirkus erklären, zum fahrenden Volk, zum Gauklermilieu.

Im Frühjahr 1905 startet die Gräfin mit ihrem achtjährigen Rolf eine Radtour durch Deutschland. Eine leibhaftige Gräfin hoch zu Rad – das hat es noch nie gegeben. Der Radsportclub »Adler« von Babenhausen, dem nur Männer angehören, die alle wie Kaiser Wilhelm aussehen, ist begeistert und erklärt die Reventlow zum Ehrenmitglied.

Auf einem Jahrmarktfest in Süddeutschland gibt die radelnde Gräfin sich als »Seiltänzerin« aus und fährt »sechzig mal hintereinander Karussell«. (Tagebuch, 18. Mai 1905)

Mit ihrem um Jahre jüngeren Intimus Roderich Huch (Rodi) schmiedet sie in München Pläne, als »Wandermusikanten« in den Süden durchzubrennen: »wir fristen unser Leben mit allerhand Gaukeleien.«[7]

Die Reventlow war eine eifrige Zirkusbesucherin, sie beneidete Frank Wedekind, der vorübergehend als Sekretär beim Zirkus Herzog arbeitete. Schon in ihrem Jugendroman schwärmte sie von einem romantisch-abenteuerlichen Leben als »Zigeunerin« und »Akrobatin«.[8]

Später, in den Münchner Cafés, den »Zigeunerkarren« der berufs- und heimatlosen Boheme, in dem Wahnmoching-Schwabing, dem Luftschiff der Künstler, während der Zeit ihrer größten Unrast, ihrer ständigen Wohnungswechsel, allein dreißig Umzüge in München, in dieser Zeit des ungesicherten Daseins ohne feste Bindung und festen Standort hat sie dann ihren Bedarf an Zigeunerromantik fürs erste decken können. »Von einem Ort zum anderen und über dem Hier das Dort vergessen. Nur immer weiter, nicht rückwärts sehen und nicht vorwärts, den Zufall als Gott ansehen und ihm opfern.«[9]

Franziska zu Reventlow, die »tolle Fanny«, die zeit ihres traumhaft wirren Lebens nie auf festes Land gelangte, blieb dem Zirkus innerlich treu. Noch in ihrem Schweizer Exil, das sie manchmal als eine Art Altenteil der Boheme empfunden haben mag, schmiedete sie kühne Ausbruchspläne, worin ein chinesischer Messerwerfer die Hauptrolle spielen sollte. Sie hat es stets bedauert, daß sie nicht Kunstreiterin geworden war. Aber als Jongleurin in der Liebe hat sie dann doch manches Kunststückchen fertiggebracht. Worin sie auf ganzer Linie scheiterte, das war der Drahtseilakt ihrer wirtschaftlichen Existenz, der Umgang mit den banalen Dingen des Lebens.

Im »Geldkomplex« (1916) hat sie es mit wehmütigem Humor beschrieben: »Mir ist, als sei ich mein halbes Leben Jongleur im Zirkus gewesen, wollten die Kugeln nicht mehr richtig fliegen, so warf man mit Flaschen, Tellern oder Messern. Wollte es mit den Händen nicht mehr gehen, so stellte man sich auf den Kopf und jonglierte mit den Füßen weiter. Dabei immer die verdammte Unsicherheit, ob man Herr der Situation bleiben wird oder nicht, bis dann eines schönen Tages die Dinge wirklich streikten, Kugeln, Flaschen, Teller, Messer herunterrasselten und die Zuschauer mich auspfiffen – unter den Zuschauern stellte ich mir meine Gläubiger vor, die bei der Vorführung durchaus auf ihre Kosten kommen wollten.«[10]

Man lasse doch die Seele unvermählt

»Eigentlich gehe ich mein Leben lang
immer von einer Umarmung in die andere.«
Tagebuch, 29. September 1908

In ihren »Amouresken« unterscheidet die Reventlow
zwischen der »irdischen« und der »himmlischen« Liebe.
»Die himmlische ist natürlich ein Wesen, das weit über
allen anderen steht und das der Mann aus irgendwelchen
Gründen nicht in realere Sphären herabziehen kann oder
will. Die irdische ist – nun, einfach eine Frau, mit der man
intim liiert ist. Ich bin, soweit ich mich erinnern kann,
immer nur die irdische gewesen.«[1]
Über die Liebe schrieb sie stets autobiographisch, in
einem von ihr kreierten Stil, der frivol und zugleich von
äußerster Diskretion ist. Niemals berührt die Reventlow
das Sexuelle direkt, sie ist keine erotische Schriftstellerin
und wartet auch nicht mit Enthüllungen auf. Frivol ist
allein die Art, wie sie über die Liebe denkt und darüber
schreibt. Zum Beispiel über den Typ des mediterranen
Liebhabers: »Italiener haben immer die gleiche Feurigkeit,
ob es ein Offizier, ein höflicher Kutscher oder ein Priester
ist.«[2] In Rom macht ihr ein »erdrückend intensiver«
Pedro den Hof – sie notiert: »Den ganzen Tag habe ich das
Gefühl, als ob ich mit dem Vesuv spazierenginge.«[3]
Zu ihren römischen Verehrern gehörte auch ein »liebens-
würdiger alter Herr«, über den sie schrieb: »Ältere Herren, die noch in Betracht kommen, sind nicht mein Fall,
aber die noch älteren, die nicht mehr in Betracht kommen,
können manchmal sehr reizend sein.«[4]
Die Reventlow war in ihrem Leben oft versucht, eine, wie
sie es nannte, »Utilitätsbeziehung« einzugehen. Als der

»Wie aus einem Böcklin-Bilde – in Verkleidung ins Leben getreten, eine Meerfrau mit merkwürdigen Augen und einem unglaublich süßen Mund.«

»Die schleswig-holsteinische Venus« –
so nannte Oskar Panizza die Gräfin

Idealfall einer Beziehung schwebte ihr eine »Dauersache mit Finanzhintergrund« vor. »Männer, die uns finanzieren wollen, gibt es genug, aber solche, die angenehm und dauernd finanzieren, dabei sympathisch oder wenigstens erträglich sind, nicht zu viele Ansprüche stellen und uns nicht plagen – ich fürchte, die muß man als Glücksfall bezeichnen.« Über die dem Geld entrückte »himmlische« Liebe notierte sie: »L'art pour l'art ist sicher schöner, erfreulicher, aber unrentabel.«[5]

So manches Mal, wenn wieder die Wohnung gekündigt war und der Gerichtsvollzieher ihr die »Glanzgewänder« gepfändet hatte, erwog sie ernsthaft, das »Leben einer Kurtisane« zu führen. Aber im entscheidenden Moment fehlte es ihr an der nötigen Professionalität. »Wenn man auf diesem Weg Karriere machen will, muß man vor allem eiserne Nerven und eiserne Ausdauer haben. Und, wie beim Theater, möglichst früh anfangen, damit die Schattenseiten des Metiers zur Gewohnheit werden.«[6] Dennoch hat sie im »Metier« gearbeitet, wenn auch nur gelegentlich und als Amateurin. »Denkwürdige Nacht in der Tip-Top-Bar«, notierte sie in ihr geheimes Tagebuch. (Tagebuch, 15. Juli 1898) »Einen französischen Schriftsteller aufgegabelt, der das Leben studieren wollte.« (Tagebuch, 30. Oktober 1908) »Wieder hundert Mark geerntet. Himmlischer Gott, ist das angenehm.« (»Faschingsdienstag« 1909)

Aus ihrem turbulenten Leben bezog die Reventlow den Stoff für eine Reihe von sprachlich kultivierten und geistvollen Romanen und Novellen, die sie mit scheinbar leichter Hand aufs Blatt warf und die nicht ahnen lassen, welcher materiellen Not sie abgerungen sind.

»Eine Frau in Geldschwierigkeiten« war für sie immer »wie ein Bild, das schlecht gerahmt ist und am unechten Platz hängt.«[7] So sah sie sich selbst. Aber stellte sich jemand ein, der ihr ein standesgemäßes Leben anbot, so

PREETZ *A. Duve* Mühlenstr. 88

Die Gräfin und ihr Lieblingsbruder »Catty«
Carl zu Reventlow galt in der Familie als Freigeist; er stand im Verdacht,
»sozialdemokratisch« gewählt zu haben.

verzichtete sie doch lieber auf den Rahmen eines bürgerlichen Lebens und die eheliche Fasson ihrer Sinnlichkeit. Auch wenn es sich schlecht bezahlt machte.

In einem Artikel für die von dem Schriftsteller Oskar Panizza herausgegebene Zeitschrift »Zürcher Diskußionen« äußerte sich die Gräfin auch theoretisch über Liebe, Frauen und Emanzipation. Jede Frau solle den Mut zur freien Liebe vor aller Welt haben. In Frankreich sei man uns in dieser Beziehung, in der erotischen Kultur, jedenfalls weit voraus. Wir Deutsche müßten uns erst noch das schwere Blut, das kalte nordische Verantwortungsgefühl und Schuldbewußtsein in der Liebe abgewöhnen.

Der Artikel erschien 1899 unter der Überschrift »Viragines oder Hetären?« Viragines, so nannten sich um die Jahrhundertwende die Feministinnen. Der Aufsatz ist eine streitbare Intervention der Gräfin in die Frauenfrage, sie mißt darin den Stand der Emanzipation gleichsam an ihrer eigenen, der Reventlowschen Selbstbefreiung. Der Kampf um die formale Gleichstellung der Frau mit dem Mann, so ihre Hauptthese, führe nur dazu, daß »die Frauen ihre Reize verlieren und die Welt immer langweiliger und geschlechtsloser wird«. Dagegen stellt sie ihr eigenes Programm: »Vielleicht entsteht noch mal eine Frauenbewegung, die das Weib als Geschlechtswesen befreit, es fordern lehrt, was es zu fordern berechtigt ist: volle sexuelle Freiheit, das ist, freie Verfügung über seinen Körper.«[8]

Eine solche Formel war damals nicht ganz ungefährlich für jemanden, der sie in aller Öffentlichkeit vertrat, und konnte nur in einem Blatt gedruckt werden, das im Ruf eines politischen Oppositionsorgans stand. Weswegen es auch häufig beschlagnahmt wurde.

Franziska zu Reventlow, die damals 28 Jahre alt war, aus dem Elternhaus verstoßen, mit dem Makel eines unehelichen Kindes als »Berufslose« in Schwabing lebte, hat sich nur einmal, nämlich mit dem Artikel in den »Zürcher Diskußionen«, über theoretische Frauenfragen geäußert. Ihr Beitrag zur Emanzipation war sonst mehr auf das Praktische beschränkt, oder erweitert: die Lust an der Augenblicksliebe, die erotische Unordnung – das waren ihre ganz privaten Einlassungen zur Frauenfrage. Offensichtlich hielt sie ihre eigene Lebenspraxis für subversiver als etwa die Debatten um das Stimmrecht.

In der Liebe kannte sie weder Ordnung noch Maß. Die einzigen Kriterien, die sie, hier ganz Gräfin, gelten ließ, waren Geschmack und Stil. Daher auch ihre Vorliebe für Lebemänner, »Begleitdoggen«, wie sie das nannte, für »Salonschurken« und Herzensbrecher mit dem »gewissen infamen Charme«, für Männer mit Monokel, in weißen Tennisanzügen, mit Rackets und Jagdhunden, wie jener Münchner Rechtsanwalt, der stets im Besitz ihrer Wohnungsschlüssel war, und der über zehn Jahre den »dramatischen Hintergrund« abgab für die flüchtigen Amouren im Vordergrund, zu denen nicht nur die Liebeleien mit Schwabinger Literaten, sondern auch zahllose Bekanntschaften mit »Afrika-Reisenden«, Studenten und Paul-Figuren gehörten – wenn sie nur Stil hatten. »Ich liebe einen und begehre sechs andere, einen nach dem anderen. Mich reizt nur gerade der Wechsel und der ›fremde Herr‹.« (Tagebuch, 16. Oktober 1905)

In einem Brief an Ludwig Klages, den sie wegen seiner Domestizierungsversuche als »Typ Retter« und als den »Oberkontrolleur« verspottete, heißt es: »Man kann mir Geliebter sein nur auf Augenblicke, Beständigkeit kenne ich nicht, nur Wollust, Verlangen oder Versagen. Wenn man mich besitzen will, meine Leidenschaft besitzen, – davor weicht es in mir zurück.« (1. 4. 1902)

Die libertinen Amouren waren nur die eine Seite ihres Liebeslebens. Daneben besaß sie einen unglückseligen Hang zur pathetischen Passion, der ihr vor allem in der

Jugend das Leben schwer machte. Sie fühlte sich vom »Eros durchleuchtet« und sah die eigentliche Bestimmung ihres Lebens (und aller Frauen) darin, ihre Triebe auszuleben. Über viele Jahre befand sie sich in »einer solchen Lebensekstase, in einem so fortgesetzten Herzenstumult«[9], daß ihr alles andere aus dem Blick geriet. Moral, Monogamie, Ehe und Treue erschienen ihr wie große Vereinfachungen des Liebesproblems. Jede Art von Bindung empfand sie als eine Fesselung ihrer Leidenschaften. »Das sind so ganz wahnsinnige Momente im Leben, wo alles nach beiden Seiten hin gesteigert wird, ganz tief hinein und ganz nach außen.« (Tagebuch, 16. Februar 1906). Und, an einer anderen Stelle: »Mich hat der liebe Gott aus allen Widersprüchen geschaffen, die er übrig hatte [...]. Fühle mich ganz als ich selbst, wenn alles durcheinandergeht, Wehmut, Sehnsucht, tiefe Liebe und frivole Oberflächlichkeiten.« (Tagebuch, 16. Oktober 1905)

Ludwig Klages, Zivilisationskritiker, Graphologe und Begründer der Charakterkunde, lernte die Reventlow kennen, als er noch Chemie-Student in München war. Später, in seinem Züricher Arbeitszimmer, hing über Jahrzehnte ein Aktfoto der Gräfin, das bis heute von den Klages-Erben unter Verschluß gehalten wird. Über die »heidnische Heilige«, wie Klages in jungen Jahren die Gräfin genannt hat, schrieb er: »Sie lebte gemäß Goethes ›Und ist es Trieb, so ist es Pflicht‹, gleichgültig ob man bei ›Trieb‹ an einen vergänglichen Anreiz oder eine tiefe Passion denkt, war ebenso zweifellos aus Erfahrung bekannt mit allen ›Künsten‹ der Liebe, ließ davon aber nie etwas durchblicken.«[10]

Nach Klages, der über vier Jahre zu den engsten Vertrauten und Liebhabern der Reventlow gehörte, hielt sie es »für einen Ehrenpunkt im Leben einer Frau«, sich nicht der ernstlichen sexuellen Werbung eines Mannes versagen zu dürfen. Tatsächlich waren ihr die modern-feministischen Ressentiments gegen die männliche Sexual-Aggression völlig fremd – sie hielt sie für die »Urleistung des Mannes«.[11] »Begehren des Mannes ist nie eine Beleidigung, selbst dann nicht, wenn rein gelegentlich und ohne seelische Beimischung.« (Tagebuch, 9. Juli 1900)

Korfiz Holm, ihr Lektor, berichtet in seinen Erinnerungen, sie hätte es »als zu spießig angesehen, einer stürmischen Stegreifwerbung«[12] die kalte Schulter zu zeigen – offenbar eine Selbstverpflichtung der Bohemienne, durch die sie gelegentlich in komische Situationen geriet. »Am Bahnhof von zwei Negern angesprochen, sie steigen mir in der Tram nach und fangen Gespräch an, ich soll mit ihnen ›drinken‹. [...] Steige am Sendlinger Tor aus und wir ›drinken‹ bis drei Uhr in verschiedenen Bars und Teesalons, ich in Weiß zwischen den zwei schwarzen Kerlen. Erregen einige Sensation. ›Dolle Kiste‹, sagt irgendein norddeutscher Student und trinkt mir zu. Nachher die Neger immer wieder: ›Dolle Kiste! dolle Kiste!‹« (Tagebuch, 18. September 1908)
Zu diesem Zeitpunkt war sie bereits siebenunddreißig und ließ sich gern von Jünglingen anbeten, auch in der »gesteigerten erotischen Version als Herrin«, wie ihr Schwabinger Weggefährte Oskar A. H. Schmitz berichtet (»Dämon Welt«). Auch in dieser Rolle, als Domina mit der Peitsche, war sie ganz Comtesse.
Wenn auch ihr Leben nach bürgerlichen Vorstellungen nicht immer untadelig verlief, adlig blieb sie immer und in jeder Lebenslage. Ob im Verkehr mit Hauspersonal, Gerichtsdienern oder Lebemännern, sie bewahrte immer die Haltung der grande dame. Ein Rest von standesmäßiger Blasiertheit gestattete es ihr, auch durch die unmöglichsten Situationen hindurchzugehen, ohne innerlich davon berührt zu werden. »Zunahe treten lasse ich mir nicht. Empfinde darin wie ein Corpsstudent.« (Tagebuch, 15.

März 1906) Diese schmutzabweisende Unberührbarkeit
stellte auch der Schriftsteller und Reventlow-Bewunderer
Balder Olden an ihr fest. Über die junge Comtesse, die
gerade nach München gekommen war, schrieb er: »Sie
war ein dänischer Typ, klein, zierlich, elastisch, unge-
schminkt, viel pariserischer als die echten Pariserinnen
mit Rouge, ein bißchen schnodderig, sehr geistreich, ein
bißchen sentimental. Auf zierlichsten Füßen stelzte sie
durch den aufgeweichten Boden der Münchner Vorstadt
Schwabing und schien immer unberührt, blank gewa-
schen, unberührbar, auch wenn sie fast versank.«[8] Auf
dem Höhepunkt ihres amüsanten, verrückten, aber niemals leichten Daseins als Bürgerschreck im »amüsante-
sten, verrücktesten Dorf der Welt«, dem Schwabing um
die Jahrhundertwende, jubelt sie im Tagebuch: »Auf einmal in einem ganzen Wirbel drin von Aventüren. Ach,
wie ist es gut, wenn einem der moralische Halt so gänzlich
fehlt.« (7. Juli 1899) »Selbst la grande passion macht mich
nicht monogam.« (5. Juni 1899)
Jahre später, nachdem ihre Verbindung mit Klages in
Bruch gegangen war und ihre fröhliche Ehe zu dritt mit
dem polnischen Boheme-Baron Bogdan von Suchocki
und dem Schriftsteller Franz Hessel, der die Idylle finan-
zierte, sich aufgelöst hatte, schrieb sie noch einmal dasselbe, aber mit einem Unterton von Verzweiflung, nun
schon Mutter eines schulpflichtigen Kindes: »Ich will
keine wirklichen Lieben mehr, weder romantische noch
tragische. [...] Jetzt wird nur noch auf Wurzen und Plaisir
ausgegangen und das ist bedeutend lustiger.« (Brief an
Oskar A. H. Schmitz, März 1909)

Eigentlich gehöre ich allen

»Man tut doch schließlich in erster Linie,
was einen freut, und weil es einen freut. Und das ist natürlich
jedesmal etwas anderes.«[1]

Diese ›Schleswig-Holsteinische Venus‹, wie Oskar Panizza die Gräfin nannte, fand im Sexualgenuß den Spreng-
stoff der Frauenbefreiung – hauptsächlich der eigenen.
Rückblickend auf ihr Leben beschrieb sie sich selbst als
eine Frau, die von Natur aus keine Prinzipien hat. »Durch
ihr bloßes Dasein, in dem sie unbewußt, aber mit königli-
cher Selbstverständlichkeit – so sagt man dort – ihren
heidnischen Instinkten nachgelebt hatte, stellte sie das
gelöste Problem: Mutter und Hetäre dar und wurde sehr
gefeiert.«[2]
Das Leben der Reventlow ist ein Abbild jener um sich
greifenden erotischen Rebellion, die sich in Europa vor
dem Ersten Weltkrieg in der Subkultur der Boheme
ankündigte und später in den zwanziger Jahren in den
Metropolen zu einer Libertinage führte, die so mancher
Bürgerin zur Promiskuität verhalf, auch auf käuflicher
Basis.
Um die Jahrhundertwende gehörte dazu allerdings noch
Mut. »Eine Frau mit Vergangenheit und Gegenwart«, so
schrieb die Gräfin, »ist vor der Gesellschaft gleich dem
Manne, der im Zuchthaus gesessen ist.«[3]
Franziska Reventlow hatte allerdings die Gesellschaft ver-
lassen, war aus ihrer Klasse ausgestiegen. In dem Milieu,
in dem sie sich fortan bewegte, konnte sie mit ihrem
Lebenswandel nur positiv auffallen. Es dauerte nicht lan-
ge, da war sie über die Schwabinger Kreise hinaus als eine
der namhaften deutschen Damen der Boheme bekannt.

Dies geschah nicht ohne Rückendeckung durch den großen Namen, den sie trug, und durch den Adelstitel, den sie aus praktischen Gründen nie abgelegt hatte. Eine Gräfin zu Reventlow konnte im Kaiserreich nie so empfindlich deklassiert werden wie etwa eine Proletarierin. Zumal die Reventlow zwei Brüder hatte, die im Reichstag saßen.

Es war daher gewiß kein Zufall, daß gerade Frauen aus dem Adel oder dem Großbürgertum (wie Else-Lasker-Schüler) das Frauenideal jener Zeit verkörperten und sich ohne Rücksicht auf Moral und Gesellschaft im Sexus ausleben konnten.

Franziska stand in dem Ruf, als »tolle Fanny« die aktivste unter jenen Frauen zu sein, die damals erstmals erotische Souveränität für sich in Anspruch nahmen. »Bei mir steht und fällt alles mit dem Erotischen. Ich fühle mich nur normal und daseinsberechtigt, wenn das mein Leben ausfüllt.« So schrieb sie in einem Brief an Klages. (Tagebuch, 28. Oktober 1901)

Bühnenwirksam wurde der neue amouröse Frauentyp in den Emanzipationsstücken von Frank Wedekind, die den erotischen Geist der Epoche abbilden.

Die Reventlow gab den Männern einen Vorgeschmack auf die neuen Freiheitsrechte der Frauen. Sie galt als Meisterin der Episodenliebe, des Reigens, der Liaison, sie bestimmte die Besetzung, den Grad, die Dauer der Verhältnisse, ihren Anfang und das Ende. Bei den Männern führte das zu Ernüchterung. »Sie haben kein Recht mehr auf Empfindungen«, schrieb ihr der langjährige Liebhaber »Monsieur«, der Mann mit den gräflichen Hausschlüsseln, »und wenn man sie auch hätte, so will man sie eben mit Gewalt niedertreten und herabziehen, weil Sie das Recht darauf verscherzt haben.« (Tagebuch, 4. Mai 1901)

Ludwig Klages, ein Jahr jünger als die Reventlow, hat mehrfach versucht, mäßigend auf ihre Ausschweifungen zu wirken, auf ihre Liebessucht wie auf ihre Zigaretten-

Reventlow-Geliebter Albrecht Hentschel, genannt »Adam«

»Eine extrem männliche Natur..., Pistolenschütze, verwegener Reiter, Pferdebändiger. Sobald er etwas Geld hatte, streute er es nach allen Seiten aus. Starb an einer schweren Verletzung, die er sich im Krieg als Kavallerist zugezogen hatte.« (Klages)

sucht. Ohne Erfolg, was er um so mehr bedauern mußte, als er ihr buchstäblich verfallen war. »In dieser Frau – so fühlte und glaubte ich – begegnete mir, gestaltet und verkörpert, das Element *nordischen* Heidentums in unvermischter Reinheit, strahlend, unbesieglich und eine Verheißung, wie es deren keine noch gab, keine je wieder geben wird . . . und hier nun warf meine Seele Anker.«[4]

Über die erotische Selbstherrlichkeit der Gräfin, ihren »durch nichts abzubiegenden Unabhängigkeitsdrang« (Klages) beschwerte sich auch der Bohemien Bogdan von Suchocki; im Tagebuch heißt es dazu: Such sage »bitterböse Sachen, daß niemals, niemals ein Mensch mit mir bleiben wird und kann [. . .]. Weil alle, die mich einmal haben, mich ganz für sich haben und auffressen wollen!« (Tagebuch, 13. März 1906)

Es ist das alte Leiden, das auch Karl Kraus bei den Männern feststellte: »So will jeder, der die polyandrische Frau will, diese für sich . . . Der Erwählte sein wollen, ohne der Frau das Wahlrecht zu gewähren.«[5] Franziskas Lebenswandel muß ansteckend gewirkt haben unter den vielen Töchtern aus guten Häusern, die damals nach Schwabing kamen, »gärenshalber«, wie die Gräfin schrieb. »Manchem gutbürgerlichen Mädchen«, teilt Klages mit, »hat sie dazu verholfen, der Tugend den Laufpaß zu geben.«[6]

In der Liebesunordnung der Gräfin, ihrer Vielmännerei, den erotischen Parallelaktionen, ihrer pathetischen Lebensbejahung und der mitunter kitschigen Sünderinnen-Pose – in all dem steckte viel von der Penetranz des Zeitgeistes, jener Aufbruchsstimmung um Neunzehnhundert, die sich ganz der Erotik und der Kunst, dem Rausch und dem Gefühl überließ und darin die wahren Stimulanzien des Lebens sah. Logik und Vernunft, die bürgerlichen Verhältnisse des Geldes, der Ehe und der Triebunterdrückung galten als spießig. Nur aus der Ek-

PHOTOGRAPHIE EDUARD PIPPEC.

Reventlow-Geliebter Ludwig Klages

»Er ist der einzige Mensch, bei dem man das Gefühl hat,
er könnte fliegen.«

Klages über die Reventlow: »In dieser Frau begegnete mir, gestaltet
und verkörpert, das Element nordischen Heidentums in unvermischter
Reinheit, strahlend, unbesieglich.«

stase, dem vielbeschworenen Lebenstaumel, kam das gesteigerte Daseinsgefühl. »Warum fühle ich das Leben herrlich und intensiv, wenn ich viele habe? Immer das Gefühl, eigentlich gehöre ich allen.« (Tagebuch, 1. Januar 1897)

Titel aus der zeitgenössischen Literatur wie »Das heilige Leben« von Selma Lagerlöf oder Arthur Schnitzlers »Der Ruf des Lebens«, waren typisch für diese Stimmung und finden sich fast wörtlich wieder im Jugendroman der Gräfin, wo sie ihre autobiographische Heldin ausrufen läßt: »Nur das wahre, das heilige, das große Leben leuchtete und lachte und tanzte.«[7]

Als »Lebensbejaherin« hat sie manche schöne Herzensergießung zu Papier gebracht, die sich in den Poesie-Alben um Neunzehnhundert gut ausgemacht hätte. Am 15. Juli 1901, nach einem gemeinsamen Bad in der Isar mit Klages, dessen offizieller Freundin Putti und dem Reventlow-Freund Rodi, notiert sie im Tagebuch: »Abendstimmen im Gras, unter dem Wald ein Gewitter. Wetterleuchten, ich dachte an Heimat und Leben [...]. Ich bin doch durch das Leben gegangen, habe all seine Rätsel und Schauer und Tiefen gelernt und gelebt und vielleicht gelöst und möchte nie mehr wünschen, nicht gelebt zu haben. Wir sehen uns ins Auge, das Leben und ich.«

Damals war sie dreißig, von den ironisch-lässigen Konfessionen und den abgeklärten Zynismen der Weltdame ihrer späteren Romane trennten sie noch zehn Jahre Lebensbejahung.

Mutter und Tochter – der lange Krieg

»Die weibliche Erziehung ist das Unsinnigste,
was es gibt.«[1]

Die Reventlow stammt aus einer uralten Adelsfamilie.
Der Vater ist ein stockkonservativer preußischer Landrat,
die Mutter eine Reichsgräfin zu Rantzau. Geschwister:
Agnes, später Stiftsdame im Kloster Preetz. Ludwig,
Gutsherr auf Wulfshagen, Reichstagsabgeordneter
1905/06. Theodor, mit fünfzehn gestorben. Carl, der
Lieblingsbruder »Catty«, Gutsherr auf dem adligen Gut
Damp, königlich preußischer Major a. D. Und schließlich
Ernst, Marineoffizier, politischer Schriftsteller, rechts-
konservativer Reichstagsabgeordneter von 1924 bis 1943
– ein Mann, der »immer bei der alten Stange blieb«.
(Tucholsky)[2]
Die Lebensdaten Franziskas, korrekt heißt sie Fanny Liane
Wilhelmine Sophie Adrienne Auguste Comtesse zu Reventlow, sind identisch mit den Lebensdaten des preußischen Kaiserreichs: 1871 bis 1918. Dieses Reich und seine
tragenden Säulen hat sie immer verachtet. Das Militär, die
Bürokratie, die Aristokratie, den geld- und fortschritts-
gläubigen Gründergeist – sie fand das lächerlich.
Zu Hause im Schloß, das malerisch von Ulmen umkränz-
te Schloß Husums mit seinen weiten Räumen, großen
Sälen, Wendeltreppen und unheimlich düsteren Gängen,
wollen die Eltern mit Gewalt eine höhere Tochter aus ihr
machen. Ein brutaler Dressurakt, den sie später in ihrem
autobiographischen Roman »Ellen Olestjerne« detailge-
nau schildert, als Sittenbild der sterbenden Aristokratie.
Über ihre Erziehung zu einer heiratsfähigen Tochter aus
adligem Stand berichtet sie in Briefen an den Jugend-

Das Husumer Schloß – die Gräfin verbrachte hier ihre Kindheit.
(Eine Postkarte von Klages an seine Schwester)

freund: »Von jungen Mädchen findet man es [...] entsetzlich, wenn sie (ein Selbst) sein wollen; sie dürfen überhaupt nichts sein, im besten Falle eine Wohnstubendekoration oder ein brauchbares Haustier, von tausend lächerlichen Vorurteilen eingeengt, die geistige Ausbildung wird vollständig vernachlässigt, möglichst gehemmt. Zuletzt werden sie dann an einen netten Mann verheiratet und versumpfen vollständig in Haushalt und dergleichen.«[3]

Ihre Schilderungen des häuslichen Lebens um 1880 in den Elitekreisen des Adels und der Patrizier sind auch heute noch lesbar, als Studien zum Effi-Briest-Komplex, der sexuellen Unterdrückung der Frau. Über »höhere Töchter«: »Sie machen sich gar keinen Begriff, wie mit solch unglücklichen Backfischen zu Hause und in Pensionen verfahren wird, ihnen werden die unnötigsten, uninteressantesten Kenntnisse eingetrichtert, furchtbar viel Reli-

36

gion, Grammatik, Handarbeit und Klavier. Sie sollen gewaltsam in eine Schablone gepreßt werden, was dabei herauskommt, können Sie an den Durchschnitts-jungen Mädchen und Frauen sehen, ungebildete, bleichsüchtige, spitzenklöppelnde, interessenlose Geschöpfe, die, wenn sie sich verheiraten, in Haushalts- und Kindergeschichten aufgehen.«[4]

Bleiben sie ledig, so werden sie zu Frauenkarikaturen oder Stiftsdamen, wie die Reventlow-Schwester Agnes. Die junge Fanny übt ihren Widerspruchsgeist zunächst in heimlichen Beschreibungen der adligen Bälle und Hausempfänge, den Bigotterien und Frömmeleien der gesellschaftlich führenden Klasse. Nach dem Kirchgang soll die ganze Familie noch auf ein Missionsfest, die 17jährige notiert: »Das ging mir aber doch über den Spaß [...], 12 Pastoren zu sehen, 4 Reden über die lieben Heiden zu hören und mit lauter Sonntagsmenschen Missionskaffee aus Waschkannen zu trinken.«[5]

Schon damals sammelt sich bei ihr jener Vorrat an Degout und Fluchtgedanken, der ihr die Kraft gab, sich aus dem Museumsstaub des Herrenschlosses zur »Freiheit des Lebens« zu erheben. Über diesen »Lebenstaumel«, der sicherlich auch eine Reaktion auf ihre freudlose Jugend war, notierte sie später im Tagebuch: »Das wahnsinnige Übermaß von Lebenskraft und die Gefangenschaft daheim. Das hat mich aus allem Gleichmaß gebracht.« (Tagebuch, 28. April 1897)

Je brutaler sie die häuslichen und klassenmäßigen Zwänge empfand, desto stärker wuchs in ihr der Drang, da auszubrechen, den Weg nach unten zu gehen. »Mir ist diese hochgradige Aristokratie höchst unsympathisch. [...] die alberne Formalität, die idiotischen Standesvorurteile, würden es mir unmöglich machen, auf die Länge unter ihnen zu leben.«[6]

Als unsinnig und lächerlich empfindet sie die Versuche, die Sexualität der Mädchen zu unterdrücken, Sinnlichkeit

Die Comtesse als Heimzögling (1886),
in einem Stift für schwer erziehbare Mädchen aus dem Adel.
An die Innenseite ihres Spinds schrieb sie mit Kreide: »Ich habe nie das
Knie gebogen / den stolzen Nacken nie gebeugt.«

nur vorzuführen, als Prämie auf die Ehe. Über die alljähr-
lichen Adelsbälle, auf denen die Töchter des Landes präsentiert wurden, schreibt sie: »Die Töchter, ohne Ausnah-
me nette Mädchen, werden vor der Lektüre von Büchern,
in denen das Wort Liebe vorkommt, und vor jeder Berüh-
rung mit jungen Herren mit Todesangst behütet – außer
auf den Bällen, deren es ca. 20 im Winter gibt, und zu
denen die Mütter dann mit ihren Töchtern und einem
Altar in der Tasche hinfahren. Während die unglücklichen
Schlachtopfer arglos sich amüsieren, sitzen die Mütter in
langen Reihen umher, beobachten mit Argusaugen, wer
wem die Cour macht, etc. und tun ihr Möglichstes, um
Partien zu machen.«[7]

Mehr noch als am sozialen Milieu ihrer Herkunft leidet
die junge Reventlow unter der seelischen Kälte ihrer
Mutter. Die Mutter versteht das Kind nicht und scheint es
auch nicht geliebt zu haben. Der Mangel an Mutterliebe
wird zur Schlüsselerfahrung ihres Lebens. »Ich bin so
entsetzlich viel gescholten und gestraft worden, daß es für
mein ganzes Leben ausreicht.«[8]

Noch Jahre später kommt sie in ihren Briefen immer
wieder auf die brutale Zurückweisung durch die Mutter
zu sprechen. »Ich habe als Kind mir immer eingebildet,
nicht das rechte Kind meiner Eltern zu sein – weil ich nicht
begreifen konnte, daß Mutter mich so behandelt.«[9] »Sie
kann mich nicht leiden, seit frühester Kindheit bin ich
immer das Stiefkind gewesen (. . .) Sie können sich denken, wie grausam schwer diese häuslichen Verhältnisse
sind, wenn man sich nach Liebe sehnt und immer zurück-
gestoßen wird. Ich habe früher meine Mutter leidenschaftlich geliebt und förmlich danach gelechzt, von ihr
geliebt oder wenigstens freundlich wie die anderen behandelt zu werden, aber allmählich hat sich das abgestumpft und erkältet, und es ist beinahe Krieg zwischen
uns . . .«[10]

Die spätere Rebellion der Gräfin, ihr Bedürfnis nach

Mädchenbildnis

»Seit frühester Kindheit bin ich immer das Stiefkind gewesen. Ich bin so entsetzlich viel gescholten und gestraft worden, daß es für mein ganzes Leben ausreicht.«[2]

Ungebundenheit, ihre fortgesetzten Verstöße gegen moralische und gesellschaftliche Konvention lassen sich nur vor dem Hintergrund ihrer Jugend verstehen. Diese ganze Gier nach Liebe, die ihr Leben lang anhielt und die oft zwanghafte Züge trug, erklärt sich auch für den psychoanalytischen Laien aus der seelischen Leere einer zerstörten Kindheit. Sicher ist auch, daß die pathetischen Freiheitsschwüre in ihren Jugendbriefen auf die Gefangenschaft im Elternhaus zurückgehen. »Ich will und muß einmal frei werden; es liegt nun mal tief in meiner Natur, dieses maßlose Streben, Sehnen nach Freiheit. Die kleinste Fessel, die andere gar nicht als solche ansehen, drückt mich unerträglich, unaushaltbar, und ich muß gegen alle Fesseln, gegen alle Schranken ankämpfen, anrennen, [...] und dann dieser kleinliche und nie aufhörende Druck aller Verhältnisse.«[11]

Aus dieser Kampfansage gegen das Elternhaus wurde später ein Daueraufstand gegen jede Art von Unterdrückung, Bindung und Beschränkung – nicht in einem allgemeinen politischen Sinn, sondern nur, soweit sie selbst davon betroffen war. Es ist die Konzentration auf das Private, das Selbsterlebte, wodurch dieser lebenslange Existenzkampf so glaubhaft wirkt in den Tagebüchern, die zu den Klassikern der Frauenliteratur zählen.

Mit fünfzehn Jahren wird die Comtesse von ihren Eltern, deren unmittelbarer Gewalt sie zu entwachsen droht, in ein Erziehungsheim gesteckt, in das »Magdalenenstift zu Altenburg«, eine Anstalt speziell für Adelstöchter. Wegen Aufsässigkeit wird sie mehrfach mit Arrest bestraft. Man sondert sie von den übrigen Mädchen ab und behandelt sie als gefährliche Außenseiterin. Trotzig schreibt sie mit Kreide an die Tür ihres Spinds: »Ich habe nie das Knie gebogen / den stolzen Nacken nie gebeugt.«

Es kommt zu einem Skandal, Franziska wird von der Anstalt verwiesen. Zurückgekehrt ins Husumer Schloß, lebt sie nun im Elternhaus wie unter Haftbedingungen.

Der Vater:
Ludwig Graf zu Reventlow (1824–1893),
Landrat des Kreises Husum.

Die Mutter:
Emilie Julia Anna Luise Gräfin zu Reventlow,
geborene Gräfin zu Rantzau (1834–1905)

»Ich habe früher meine Mutter leidenschaftlich geliebt,
und förmlich danach gelechzt, von ihr geliebt oder wenigstens freundlich
behandelt zu werden, aber allmählich hat sich das abgestumpft,
und es ist beinahe Krieg zwischen uns.«[3]

Sie vereinsamt, entwickelt eine heimliche Neigung zu Grübeleien und Tagebuchaufzeichnungen.

Die Familie Reventlow zieht 1889 nach Lübeck um, und Franziska gerät damit potentiell in die Galerie der berühmt-berüchtigten Bürger dieser Stadt. Thomas Mann mit den »Buddenbrooks«, Heinrich Mann mit dem »Professor Unrat«, Erich Mühsam, der Propagandist des Anarchismus, und schließlich die Reventlow mit einem unehelichen Kind und diesem skandalösen Lebenswandel – alles in Literatur, Kunst und Boheme versprengte Kinder Lübecks!

Wegen dieser Bilanz, so heißt es in einer von Mühsam überlieferten Anekdote, habe der Bürgermeister auf einer Abendgesellschaft bekümmert den Kopf geschüttelt und gemeint: »Daß die auch gerade alle aus Lübeck sein müssen – was sollen bloß die Leute aus dem Reich denken.«[12]

In Lübeck wird Franziska, die nun ein Lehrerinnen-Seminar besucht, von ihrem Bruder Carl, von dem es heißt, er habe »sozialdemokratisch« gewählt, in den Lübecker »Ibsen-Club« eingeführt. Die »Ibsen-Clubs« gelten gegen Ende des Neunzehnten Jahrhunderts als das intellektuelle Vorfeld der jugendlichen Rebellion. Die jungen Leute lesen und diskutieren die gesellschaftskritische und »freigeistige« Literatur der Epoche: Zola, Tolstoi, Lassalle, Bebel und vor allem Ibsen, in dessen Dramen die junge Reventlow ihre eigene Situation wiedererkennt und sich in ihrer Auflehnung gegen Elternhaus und Gesellschaft bestätigt fühlt.

Nach der Lektüre von »Nora« und »Volksfeind« schreibt sie: »Mir ist, seit ich Ibsen kennengelernt habe, eine neue Welt aufgegangen, von Wahrheit und Freiheit. Ich möchte ins Leben hinaus und für diese Ideen leben und wirken.«[13]

Für die neunzehnjährige Franziska wurde Ibsen zur

1891 A. Duvet 1889

PREETZ Mühlenstr. 88

Franziska Reventlow, Schülerin im Lehrerinnen-Seminar (1891)

Sie schreibt in einem Brief (30. April 1890): »Sie machen sich gar keinen
Begriff, wie mit solchen unglücklichen Backfischen verfahren wird. [...]
Sie sollen gewaltsam in eine Schablone gepreßt werden, was dabei
herauskommt, können Sie an den Durchschnitts-jungen Mädchen und
Frauen sehen, ungebildete, bleichsüchtige, spitzenklöppelnde, interessen-
lose Geschöpfe.«

Schlüssellektüre. Seine Auffassung von der Frauenbefreiung hat sie überwiegend so verstanden, daß sie sich am gründlichsten in der Erotik verwirklichen lasse. Erste Schritte in diese Richtung unternimmt sie mit einem Gymnasiasten aus einer Lübecker Senatoren-Familie. Franziska schreibt dem Jüngling fast täglich glühende Liebesbriefe. (Sie bilden das erste Drittel ihres späteren Briefbandes.)

Die Neunzehnjährige wird von ihren Eltern weiter streng überwacht; die ganze Affäre, die eigentlich wegen ihres platonischen Charakters gar keine ist, muß sie vor Familie und Gesellschaft geheimhalten. Nur der Bruder Catty ist eingeweiht. Die »Briefe an den Jugendfreund« gehen postlagernd an Deckadressen. Den Geliebten (Emanuel Fehling, Bruder des später bekannt gewordenen Regisseurs Jürgen Fehling) kann sie nur unter konspirativen Umständen in der Lübecker Marienkirche treffen, »der treuen Hehlerin unserer Sünden«. Das alles wirkt wie eine Illustration zu den Ibsen-Dramen über Lebenslüge und Scheinmoral.

Mit den »Sünden« ist es nicht weit her, die »freie Liebe« wird nur brieflich mit Emanuel diskutiert. Als der Freund den »Sündenfall« eines Mädchens der feinen Lübecker Gesellschaft als »Mangel an Selbstbeherrschung« beklagt, schreibt sie ihm: »Warum ist es dann nach der Hochzeit anders? Die Sache bleibt ja doch dieselbe . . .«[14]

Der Gymnasiast scheint diesen Wink nicht verstanden zu haben, Franziska wendet sich einem älteren Mann zu. Im Elternhaus kommt es zu einem grotesken Zwischenfall, worin das ganze Elend dieser Jungmädchenerziehung im Kaiserreich noch einmal deutlich wird: Die Mutter bricht in Abwesenheit der Tochter die Schatulle mit den Liebesbriefen auf, der »Skandal« ist perfekt. Franziska, die gerade ihr Lehrerinnen-Examen gemacht hat, wird förmlich aus dem Elternhaus gewiesen und zur Strafe in ein Pfarrhaus gesteckt. Am 18. Mai 1892, dem Tag ihrer Volljährigkeit, verläßt sie diesen letzten Außenposten der elterlichen Gewalt und flieht mit zwanzig Mark in der Tasche – geliehen, wie so oft in ihrem späteren Leben – zu Ibsen-Club-Freunden nach Hamburg. Im Jugendroman »Ellen Olestjerne«, wo die Stellvertreter-Heldin dasselbe tut, schrieb die Reventlow dazu ein pathetisches »und draußen wartet das Leben«.[15]

Madonna mit dem Kind

> »Es ist immer empörend für eine Frau,
> wenn das äußere Dasein sich nicht angenehm
> und schmerzlos abwickelt.«[1]

Es gehört zu den vielen Paradoxien dieses Lebens, daß der Ausbruch aus dem adligen Familien- und Klassengefängnis nicht in die erträumte Freiheit führte, sondern in eine bürgerlich biedere Ehe mit einem Gerichtsassessor. Diesen literarisch interessierten Mann hatte die Gräfin in Hamburg kennengelernt, im dortigen Ibsen-Club, wo lauter junge Liberale verkehrten. Der Assessor Walter Lübke war sogar bereit, die Gräfin auf seine Kosten für ein Jahr nach München zu schicken, um ihr ein Malstudium zu ermöglichen.

So fuhr denn Franziska zu Reventlow im Jahre 1893 zum ersten Mal in die damalige Hauptstadt der Künste. Im Malerdorf Schwabing war ein Jahr zuvor die »Sezession« gegründet worden, eine Künstlervereinigung, die mit allen Traditionen der herkömmlichen deutschen Malerei gebrochen hatte. Fritz von Stuck lebte in Schwabing, der Gründer der »Sezession«, ebenso Herrmann Obrist, der Wegbereiter des Jugendstils.

Außerdem war Schwabing damals das Weltdorf der Boheme, das von zahlreichen namenlosen Malern, darunter vielen Polen, bevölkert war, von Kunstgewerblern, Literaten, Abkömmlingen vieler Schichten, jungen Adligen, die der Verbürgerlichung entgehen wollten, oder Bürgersöhnen, die ihre Erbschaft durchbrachten, indem sie ein paar von den mittellosen Künstlern am Leben hielten.

Etwa zur gleichen Zeit, als die Gräfin sich in Schwabing ihr erstes Atelier mietete, waren auch Kandinsky und

Georg Düll   MÜNCHEN
                    Blüthenstr. 2l.

Das Madonnen–Motiv (um 1897)

»Morgen soll er fotografiert werden. Ich im weißen Schlafrock, um möglichst schöne Mutter zu sein.« »Alles schimmert und leuchtet für mich, das einzige Mal im Leben, wo man ganz das Gefühl erfüllter Sehnsucht hat.«

Jawlensky nach München gekommen, zwei russische Maler, die die »Neue Künstlervereinigung« ins Leben riefen. Es gab in Europa keine Stadt, die geeigneter gewesen wäre, die Kunst und das Leben zu studieren.

Franziska, die sich hauptsächlich in der polnischen Malerkolonie aufhält, interessiert sich fürs erste mehr für die Künstler als für die Kunst. Was ihr in Lübeck vorenthalten worden war, holt sie nun gründlich nach. Nach einem halben Jahr Schwabing, mitten im Trubel der Ateliers, Bars und Feste, erreicht sie die Nachricht vom bevorstehenden Tod ihres Vaters. Sie eilt sofort nach Lübeck, aber zu Hause verweigert ihr die Mutter den Zutritt ins Sterbezimmer und weist sie erneut aus dem Haus. Später verarbeitet die Gräfin dieses Erlebnis, die letzte Niederlage, die ihr die Mutter beibrachte (enterbt worden war sie schon vorher), zu einer kleinen Novelle für den eben gegründeten »Simplizissimus« – ihre erste literarische Arbeit.[2]

Von Lübeck kehrt Franziska nach Hamburg zurück und heiratet, 23jährig, den Assessor Walter Lübke. Die Ehe verläuft beschaulich, die Gräfin spielt mit einiger Mühe die Rolle der Frau Assessor. Aber schon nach einem Jahr bricht sie aus der Idylle wieder aus, geht erneut nach München und setzt ihre Boheme-Existenz fort. Von nun an führt sie Tagebuch über dieses Leben, das intime Protokoll ihrer fünfzehn Schwabinger Jahre (1895 bis 1910). Nach dem Jahr der Ehe in Hamburg, wo sich ihr Bedürfnis nach »Leben und Räusche« erneut aufgestaut hatte, geht die Demontage ihrer bürgerlichen Existenz Schlag auf Schlag voran.

»Und mein Leben war jung und war reif und heiß und die Sünde so süß und so schön / Sie riß mich in glühenden Taumel hinab und ich wurde ihre Priesterin« (Tagebuch, 6. Juli 1895), so hat sie es auf Versmaß gebracht. Der Gerichtsassessor Walter Lübke, von ihr selbst ins Bild gesetzt über ihre Exzesse, sperrt ihr das Geld und verlangt

Brautbild

Die Ehe mit dem Hamburger Gerichtsassessor Walter Lübke dauerte
nur ein Jahr. Nach der Scheidung (wegen fortgesetzten Ehebruchs)
notiert sie ins Tagebuch: »Ich wollte Walter behalten und die anderen alle
auch – was habe ich in der kurzen Zeit alles erlebt – einen nach dem
andern. Warum fühle ich das Leben herrlich und intensiv, wenn ich viele
habe? Immer das Gefühl, eigentlich gehöre ich allen.«
(Neujahrsnacht 1896)

die Trennung. Die Ehe der ungleichen Partner wird 1896 geschieden. Die Gräfin kehrt völlig mittellos nach Schwabing zurück, die Elendsjahre beginnen.

Am 1. September 1897 kommt ihr Sohn Rolf zur Welt, lang ersehnt und nun jubelnd begrüßt im Tagebuch: »Ich lag in meinem Wohnzimmer und sah grüne Bäume und Sonne und hatte mein Kind, endlich mein Kind, o mein Gott, mein Kind. Alles hängt an ihm, all meine Liebe und all mein Leben, und die Welt ist wieder herrlich für mich geworden, wieder Götter und Tempel und der blaue Himmel darüber.«

Es ist ein uneheliches Kind mit voller Absicht, den Vater schließt sie demonstrativ aus und erklärt das Kind zu ihrem absoluten Privatbesitz. »Jetzt ist wieder tiefe Ruhe in mir, mein Kind, mein Rolf. Den kann mir niemand nehmen, er ist so mein.« (Tagebuch, 14. April 1900) »Der Wahnsinn der völligen Einsamkeit geht von mir.« (Tagebuch, 20. Januar 1897)

Die einzige Bindung, die die Reventlow in ihrem Leben je einging, auf Dauer, und an der sie mit nie nachlassender Intensität festhielt, war die zu ihrem Sohn, den sie noch »Bubi« nannte, als er schon siebzehn war und zum Militär mußte. Klages: »Allein den vollen Schatz ihrer Zärtlichkeit hat sie nur ihrem Kinde, nie einem Manne schenken können.«[3]

Dieses uneheliche Kind, das sie gesellschaftlich für immer bankrott machte, symbolisierte den äußersten Egoismus ihrer Freiheit. »Mein Kind soll keinen Vater haben, nur mich. Und mich ganz.« (Tagebuch, 18. Mai 1897)

Else Reventlow, die Schwiegertochter der Gräfin, faßte den Enthusiasmus in die dem »Tagebuch« nachempfundenen Sätze: »Es werden Millionen Kinder geboren und mit Jubel begrüßt, die Seligkeit aber, mit der Franziska Reventlow sich durch neun verzweifelte Monate kämpfte und dann ihren kleinen Sohn anlächelte, mutet in ihrer grenzenlosen Entrücktheit mittelalterlich religiös an. Es

»Madonna mit dem Kinde« –
nannte Ludwig Klages die Gräfin und ihr uneheliches Kind,
zwei exemplarische Gestalten des alten Schwabing.

war ein Wunder, für sie und durch sie selbst geschehen, und die, welche in dieser Zeit mit ihr zusammenkamen, fanden nur ein Wort für ihren Eindruck: Madonna mit dem Kinde.«[4]

Der Ausdruck stammt von Klages, und er gebraucht ihn mit der wesentlichen Pointierung, daß es sich hier um eine *heidnische* Madonna handele, und bei dem unehelichen Kinde um einen »Hetären«-Sprößling. Die Assoziation zum Religiösen weist also über das Mittelalter hinaus in die griechische Klassik und die noch älteren mutterrechtlichen Kulturen.

Die mythologische Interpretation dieser Geburt lag für die Gräfin, die Ludwig Klages erst zwei Jahre später kennenlernte, fürs erste noch in weiter Ferne. Sie hat sich ihren Sohn nicht philosophisch, sondern existentiell angeeignet: »Jetzt ist's mir, als ob das Rätsel meines Ichs sich in der Mutterschaft löste«, schrieb sie in ihr Tagebuch (28. April 1897) und gab damit zu erkennen, wie gründlich sie in der Lübecker Ibsen-Club-Zeit ihren »Zarathustra« studiert hatte, wo das geflügelte Nietzsche-Wort steht: »Alles am Weibe ist ein Rätsel, und alles am Weibe hat eine Lösung: sie heißt Schwangerschaft.«[5]

An prominentem Zuspruch und gefühlvollem Mitgehen in der Zeit vor und nach der Niederkunft hat es der Gräfin nicht gefehlt. Rainer Maria Rilke besucht sie in ihrer Münchner Wohnung, wo sie an den Übersetzungen für den Verlag Langen sitzt, und wirft ihr jeden Morgen ein Gedicht in den Briefkasten – »das gefällt mir«. (Tagebuch, März 1897)

Während eines Aufenthaltes in Kurzrickenbach am Bodensee, wo sie sich eingemietet hatte, »mutterseelenallein«, kommt Rilke aus München zu Besuch, um sie aufzumuntern. Wie das Tagebuch verrät, leidet sie zu dieser Zeit an heftigen Schwangerschaftsdepressionen und Schuldgefühlen gegenüber ihrem Mann, von dem sie gerade geschieden wurde. Notiz über den Osterspazier-

gang mit Rilke: »Wir gingen zusammen in der Frühlings-
welt herum. Es war mir ganz lieb, denn ich hielt es kaum
aus vor Heimweh und war so elend.« (Tagebuch, April
1897)
Mit dem Säugling auf dem Arm läßt sich die Reventlow
später in einem Münchner Studio fotografieren – ganz in
Weiß, in ihrem Nachthemd. Eins der Bilder, das sie
unverkennbar in der Madonnenpose zeigt, schickt sie
ihrem Verehrer Rilke, der die optische Metapher sofort
aufnimmt und zur »Madonnenmutterverehrung« stei-
gert: »Sie Liebe, so ist das Glück, welches Sie längst
verdient haben, und in dessen Adventszeit die Sorge Sie
viel gequält hat, als strahlende Sonne in den Augen des
kleinen Rolf aufgegangen und liegt nun in stiller und
heiliger Verklärung über Ihren neuen tiefen Tagen. Diese
innige Freude, die Madonnenmutterverehrung, und diese
ganze Schar reicher Wünsche für morgen und übermor-
gen und für alle Zeit des heiligen Reifens (. . .) Und der
kleine Rolf ist ein reizender kleiner Held, der mir sehr
gefällt, und was er Ihnen im Blühen vormacht, tun Sie's
munter mit, liebe Mutter!«[6]
Davon konnte in Wirklichkeit keine Rede sein. In den
Jahren ihrer »Madonnenmutterschaft« lebte die Gräfin in
größtem Elend, sie besaß nie Geld, war ständig krank,
wurde von Gläubigern, Hauswirten und Gerichtsvollziehern verfolgt und hatte oft buchstäblich nichts zu essen im
Haus, obwohl sie wie ein Pferd an den Übersetzungen
schuftete.
Ihr Brotherr im Verlag Langen war damals der junge
Korfiz Holm, zu dem sie oft in ihrer Not ins Büro kam,
um einen Vorschuß zu erbitten. Diese Szenen, die der
Verlag durch seine Hungerhonorare selber mitverschul-
dete, beschreibt Korfiz Holm in seinen Erinnerungen sehr
kavaliermäßig: »Ich erinnere mich nicht, daß ich sie jemals ernsthaft hätte klagen hören. Von ihren Sorgen
redete sie nur, als hätte sie mir einen Schwank aus ihrem

Leben zu berichten; und dabei am Ende das Wort Not im Munde zu führen, das wäre ihr einfach kitschig vorgekommen, schien es ihr doch beinahe schon zu pathetisch angehaucht, wenn sie die trübe Lage einen ›Schlamassel‹ hieß.«[7]

Korfiz Holm schildert an anderer Stelle seiner Schwabinger Memoiren sehr anschaulich den Humor der Gräfin, der sie nach außen hin anscheinend nie verließ. (Im Tagebuch klingt es oft anders.) Als sie nach der zweiten Unterleibsoperation (die dritte wird sie nicht überleben) und wochenlangem Krankenhausaufenthalt, »entsetzlich blaß und klapprig« im Verlag erschien (Vorschuß), und Holm sie fragte, ob das denn nicht eine »schauderhafte Zeit« für sie gewesen sei, erklärte sie, »sie hätte sich im ganzen so auf Urlaub von den Alltagssorgen wie im Paradies gefühlt, zu halben Leichen wäre alle Welt sehr nett, und die Gerichtsvollzieher hätten keinen Zutritt in dies Friedensland. Ein bißchen monoton sei allerdings die ewige Leibaufschneiderei und immer wieder das Zusammennähen. Sie habe deshalb ihren Arzt ersucht, die Wunde mit Druckknöpfen auszustatten, weil er sich dann beim nächsten Mal viel leichter täte.«[8]

Die Boheme steht in dem Ruf, sie verschulde durch Faulheit ihr Elend selbst. Im Falle der Gräfin, die als »Königin der Boheme« in die Bücher einging, ist die Not eher durch zu viel redlichen, aber brotlosen Übersetzerfleiß verursacht worden. Später versuchte sie es auf weniger redliche Weise und war auch darin vom Pech verfolgt.

In den ersten Münchner »Bubi«-Jahren hastet die unermüdliche Gräfin von einem Tätigkeitsfeld zum anderen. Sie übersetzt in Tag- und Nachtschichten französische Liebesromane, sie putzt Klinken (wie zur gleichen Zeit Thomas Mann) als Versicherungsagentin für die »Hamburger Militairdienst-, Aussteuer- und Alters-Versicherungs-Gesellschaft« – »bin jedesmal froh, wenn die Leute die Tür gleich wieder zuschlagen«.

Sie lernt Stenografie, um als Privatsekretärin eine Stelle zu finden, pachtet einen Milchladen und geht bankrott. »Es war wohl ihr besonderes Pech«, erinnert sich Korfiz Holm, »daß sie am dritten Tag schon beinahe in unverkauft gebliebener Milch ertrank und bald darauf der ganze schöne Traum zerplatzte und nur neue Schulden übrig ließ. Alle aufopfernden Bemühungen ihres Bekanntenkreises, den überschüssigen Segen in Gestalt von Milchpunsch aus der Welt zu schaffen, hatten diese Katastrophe nicht verhindern können.«[9]

Der Philosoph Max Stirner hatte schon vor der Gräfin in Berlin versucht, gleich die ganze Boheme durch eine große Milchgenossenschaft zu finanzieren, aber es funktionierte auch nicht im Großen. Aus ihrem Ausflug in den Kommerz machte Franziska später eine kleine Novelle, »Das gräfliche Milchgeschäft«, und verkaufte wenigstens die an einen Verlag.[10]

Mitten in einer turbulenten Faschingswoche beschließt sie, eine Lehre als Masseuse anzufangen. »Ich ins Atelier, wo ich mich ›Fräulein Emmy‹ rufen lasse als Pseudonym. Komme mir ganz verrückt vor mit der dicken, alten ›Direktrice‹, die trotz fünfzig Jahren noch keine Falten hat [...] und der kleinen Greti, einer ›Zofe‹. Die sonderbaren Weiber, die zur Schönheitspflege hinkommen und mit der Alten ziemlich entkleidete Gespräche führen – dazwischen langes Herumsitzen in dem halbdunklen Zimmer. Man sieht so ungefähr, wie der Schwindel gemacht wird, aber das ist auch alles. [...] An einem der nächsten Tage meine Sachen genommen und ausgerissen, halte aber bei meinen Bekannten aufrecht, daß ich noch hingehe. Noch ein Versuch gemacht, die wirkliche Massage zu erlernen, aber vorderhand nichts zu wollen.« (Tagebuch, 5. Januar 1903)

Schließlich unternimmt sie ihre »Fischzüge durch die Bars«, kassiert bei Lebemännern und Studenten, versucht sich als Fälscherin von altbayerischen Glasmalereien, nimmt Schauspielunterricht, arbeitet als Aktmodell, um ihren Lehrer, »ein Schmierenkomödiant«, bezahlen zu können. Nebenher schreibt sie kleine Satiren und bearbeitet Witze für den »Simplizissimus«, das Stück für drei Mark.

Ihr Leben macht diese alleinstehende Mutter über jeden Madonnenkitsch erhaben. Im Herbst 1904, während einer Radtour durch Ober- und Mittelitalien, mit Franz Hessel, ihrem siebenjährigen Sohn Rolf und dem Polen »Such«, dem Personal ihres Münchner Dreieckshaushalts, hat die Gräfin eine Zwillingsfehlgeburt. Die Babies, zwei Mädchen, kommen in einer Strandpension zur Welt, eins tot, das andere stirbt am nächsten Tag. Bei der Geburt ist keine Hebamme zugegen, auch kein Arzt, nur die beiden Freunde und der Sohn. Leben und Tod als Familienereignis – eine der eindrucksvollsten Passagen ihres Tagebuches. Sie endet mit den folgenden Zeilen: »Am Abend dann noch all die entsetzlichen Leute um das Totenzeugnis und Begraben. Das war wie mitten aus einer grotesken, halb unheimlichen Geschichte, so daß man schließlich in nervöses Lachen geriet. Wir waren alle so müde, als ob wir nächtelang wach gewesen wären. Die Nacht dann tief und fest geschlafen, wache gerade auf, als Such das Kind hinausträgt.« (Tagebuch, 1. Oktober 1904)

Dionysos in der Trambahn

> »Der Rausch verfliegt, und was dann?
> Die Räusche verfliegen auch, aber es kommen neue.«[1]

»Seltsame Orte gibt es, seltsame Gehirne, seltsame Regionen des Geistes, hoch und ärmlich. An der Peripherie der Großstädte, dort, wo die Laternen spärlicher und die Gendarmen zu zweien gehen, muß man in den Häusern emporsteigen, bis in schräge Dachkammern, wo junge, bleiche Genies, Verbrecher des Traumes, mit verschränkten Armen vor sich hinbrüten, bis in billig und bedeutungsvoll geschmückte Ateliers, wo einsame, empörte, von innen verzehrte Künstler, hungrig und stolz, im Zigarettenqualm mit letzten und wüsten Idealen ringen.« So beginnt der junge Thomas Mann die Novelle »Beim Propheten«, die eine authentische Versammlung im Schwabinger Atelier des Dichters Derleth beschreibt. »Hier ist die Luft so dünn und keusch, daß die Miasmen des Lebens nicht mehr gedeihen. Hier herrscht der Trotz, die äußerste Konsequenz, das verzweifelt drohnende Ich, die Freiheit, der Wahnsinn und der Tod.«[2]
Es handelt sich um eine spiritistische Lesung, an der auch Franziska Reventlow teilnahm. Bei Thomas Mann figuriert sie als eine »unverheiratete junge Mutter von adeliger Herkunft, die von ihrer Familie verstoßen, aber ohne alle geistigen Ansprüche war und einzig und allein auf Grund ihrer Mutterschaft in diesen Kreisen Aufnahme gefunden hatte.«[3]
Das Schwabing um die Jahrhundertwende, nach Klages »ein Weltvorort, in dem das Schicksal der nächsten Generation entschieden wird«, stand in dem Ruf, Schauplatz

mystischer Geheimniskrämereien, okkulter Riten und wiederentdeckter heidnischer Gebräuche zu sein, eben »Wahnmoching«, wie die Gräfin diesen »merkwürdigen Stadtteil« später nennt. »Die junge adelige Mutter« mit dem unehelichen Kind war eine exemplarische Gestalt des alten Schwabing. In ihrem Tagebuch schildert die Gräfin ironisch, wie ihr langjähriger Liebhaber Albrecht Hentschel, ein Münchner Privatgelehrter, genannt »Adam«, sie selbst zum »bedeutendsten Weib« und Klages zum »bedeutendsten Mann« des Jahrhunderts ausrief. Würden sich diese beiden blonden Menschen miteinander verbinden, würde »die Welt des neuen Heidentums eine umwälzende Auferstehung feiern und auf der ganzen Erde neugeboren werden«.[4]

Die Gründung einer heidnischen Kolonie war tatsächlich damals im Gespräch, die Gräfin berichtet in ihrem Schwabing-Roman »Herrn Dames Aufzeichnung«, wie Klages schon damit befaßt war, die Geldgeber dafür aufzutreiben. Als Franziska die Protagonisten des »neuen Heidentums« kennenlernte, Klages, Wolfskehl, den Mythenforscher Schuler und auch Stefan George, war von Ironie bei ihr nichts zu spüren. Sie empfand die Szene noch nicht als »Wahnmoching«, sondern als eine »geistige Bewegung, ein Niveau, eine Richtung, einen Protest, einen Kult oder vielmehr einen Versuch, aus uralten Kulten wieder neue religiöse Möglichkeiten zu gewinnen«.[5]

Die ganze Richtung dürfte ihr sehr gepaßt haben. Zum ersten Mal wurde ihr Lebenswandel nicht als anstößig, sondern als stilbildend und zukunftsweisend empfunden. Die Wahnmochinger Heiden bewunderten sie geradezu wegen ihrer offenen Unmoral und machten ihr »Gott weiß was für Elogen«[6] dafür, daß sie dieses uneheliche Kind hatte und aus Instinkt schon mitbrachte, was das neue Heidentum bisher nur ersehnte: Sinnlichkeit, Selbstbejahung und die nötige moralische Unbedenklichkeit dazu. Klages hatte es auf den Begriff der »heidnischen

Madonna« gebracht, womit die Vereinigung von Hetärentum und Mutterschaft gemeint war, im Sinne von J. J.
Bachofen, des in Schwabing hochverehrten Schweizer
Prähistorikers und Mutterrechtlers. In der Erscheinung
der Reventlow, »wie aus einem Böcklinbild, eine Meerfrau mit merkwürdigen Augen und einem unglaublich
süßen Mund«,[7] mußte sich der »kosmogonische Eros«
(Klages) materialisiert haben – in eine germanisch-blonde
Aphrodite des neuen Heidentums.
Bisher hatten die Schwabinger »Prediger des Lebens und
der Liebe« nur eher platonische Vorstellungen von den
vielzitierten »Ekstasen.«
Klages, von dem sein Jugendfreund Theodor Lessing
schrieb, er »steckte fest im Panzer eines nur selten frohen
Ichs«,[8] war ein armer Chemie-Student, der sich mit gra-
phologischen Gutachten über Wasser hielt. Schuler lebte
bei seiner Mutter und galt als Esoteriker. Wolfskehl war
bürgerlich verheiratet. In der Klages-Biographie von
Hans Eggert Schröder findet sich ein Gedicht, das damals
in Schwabing kursierte und die »Oberheiden« als erotische Philister verspottete. Der hochgewachsene Ludwig
Klages erscheint darin als »nordische Tanne«, Alfred
Schuler, die korpulente Re-Inkarnation eines alten Römers, ist das »fette Rom« und der Dichter Karl Wolfskehl
figuriert als wortreich »rauschender Katarakt«.

> »Hier stand und dröhnte das fette Rom,
> Dort ragt die Tanne aus Nebelland;
> Sie war versteinert, der Kunstverstand
> Betrachtete sie als gotischen Dom.
>
> Dann rauschte ein purpurner Katarakt
> – Doch keine der Damen war leider nackt –
> Und wußte die siedenden Fluten zu glätten;
> Auch fehlte es völlig an federnden Betten.«[9]

Ludwig Klages im Alter von 30 Jahren

»Das ist sonderbar, gerade wir bösen, unbeständigen Menschenkinder
werden so oft ungemein geliebt. Zumeist wohl von den ›dummen
Jungen‹ und das ist sehr hübsch – ich habe große Sympathie für sie –
manchmal aber auch von ganz intelligenten Männern mit inneren Wer-
ten, und damit ist nicht so leicht fertig zu werden. Besonders, wenn sie
uns zwingen wollen, Tiefen zu offenbaren, über die wir gar nicht
verfügen.« (Franziska Reventlow über ihre Beziehung zu Klages)[4]

Ein Vierteljahrhundert nach seiner Liebesbegegnung mit
Franziska Reventlow schrieb Klages das Buch »Vom
kosmogonischen Eros«. Darin findet sich ein aufschluß-
reicher Absatz, worin der Autor die »Ekstasen« beschreibt, die damals anno 1900 das esoterische Herz erfüll-
ten. »In fliederduftender Sommernacht bei ungewiß flak-
kerndem Lichterschein traf uns mit unaussprechlicher
Glücksverheißung aus feuchten Augen ein schimmernder
Strahl, durchbebte und verwandelte uns das geheimnis-
innige Lächeln, umfing mit magnetischem Zauber der
knisternde Liebreiz der vorüberschwebenden Gestalt: ein

Strom des Entzückens zerlöste uns, und die Flamme der Liebe auflodernd berührte das Firmament.«[10]

An anderer Stelle, auch in Erinnerung an die Reventlow: ». . . die Springflut einer Liebesleidenschaft, welche alle Schranken meines Menschentums niederriß, Gefühle des Suchens und Sehnens für immer zerstäubte und bis hinein in den Urgranit für die kosmische Funkensaat die nie mehr verharschende Furche zog.«[11]

Die Reventlow war von dem jungen Klages, was diese Textproben nicht vermuten lassen, vor allem intellektuell angetan. In einem Brief (datiert Anfang August 1901) muß sie ihm ausdrücklich den Verdacht ausreden, »daß gerade Du mein Begehren nicht wachrufst«.

Nachdem es zum Bruch gekommen war, schrieb sie ins Tagebuch: »Mein Gott, was ist Klages eigentlich? Am Ende doch nur ein Mensch mit Größenwahnsinn und Ichsucht und einem wundervollen Verstand, der uns alle hingerissen hat.« (Tagebuch, 1. November 1903)

In ihrer erotischen Typologie hat sie ihn unter »Retter« eingereiht: »Am schlimmsten ist der Typus RETTER – [. . .] man darf sich noch so weit und noch so lange auf der schiefen Ebene befinden, es tauchen immer wieder Männer auf, die uns durch wahre Liebe retten wollen. [. . .] Er hält sich eben für den, der imstande sei, unser zerflattertes Liebesleben einzufangen und auf einen Hauptpunkt, nämlich sich selbst zu konzentrieren.«[12]

Der Schriftsteller Theodor Lessing, mit dem die Gräfin bekannt war, berichtet in seinen Memoiren »Einmal und nie wieder«, sie habe sich bei ihm darüber mokiert, daß Klages sie »übermächtigen, sie geistig beherrschen und durch seine geistige Persönlichkeit erreichen wollte, was doch dem Mann in ihm versagt blieb«.[13]

Ludwig Klages, ein hochgewachsener, schöner Jüngling, als die Gräfin ihn kennenlernte, war der einflußreichste Mann in ihrem Leben. Wie kein anderer vor ihm und nach ihm griff er in ihr Leben ein, regelte viele ihrer Angelegen-

heiten, verschaffte ihr kurzfristig finanzielle Unterstützung, inspirierte sie zu ihrem Jugendroman und versuchte
auf viele andere Arten, Ordnung in ihr Leben zu bringen.
»Ich suchte beständig, das Schädigende in Fannys Lebenswandel zu mäßigen. Aber das verträgt sie nicht, empfindet es als Eingriff in ihr Selbstbestimmungsrecht. Es
kommt zu erregten Szenen...«[14]

Klages war für sie der Mann, mit dem sie »fliegen«
konnte. Davon war oft die Rede im Tagebuch und in den
Briefen: »Ein wundervoller Abend mit Klages. Ich erzählte ihm fast mein ganzes Leben. [...] Das erste Mal, daß ich
so zu einem Menschen reden konnte. Ich sehnte mich ja
immer nach einem Menschen, der fliegen könnte, und ich
glaube, er kann es.« (Tagebuch, 19. September 1899)
Zwei Jahre später, in einem Brief an Klages: »Du bist der
einzige Mensch, der alles versteht und der fliegen kann.
Und ich möchte noch manchmal fliegen. Und unsere
Flügel sind doch noch nicht lahm, wie wir manchmal
glauben.« (2. September 1901)

Als es zum Bruch kommt, sucht Franziska ihn noch
einmal in seiner Wohnung auf, um sich mit ihm auszusprechen. Oder um ihn zurückzugewinnen? In ihrem
Muff verbirgt sie einen geladenen Revolver – Klages ahnt
nicht, in welcher Gefahr er schwebt.

Zehn Jahre später beschreibt sie die Szene in ihrem Wahnmoching-Roman: »Sie entschloß sich am Abend, noch
einmal zu Klages (im Roman Hallwig) zu gehen und ihn
zur Rede zu stellen. So kalt und offiziell wollte sie nicht
mit diesem Teil ihres Lebens abschließen. Äußerlich war
sie sehr ruhig, trotzdem fühlte man, daß eine furchtbare
Spannung in ihr war. Gegen Mitternacht kam sie zurück,
warf den Revolver (im Buch den Dolch) auf den Tisch
und sagte ›Nein – es ist nichts daraus geworden, es war die
ganze Zeit jemand im Nebenzimmer. Und überhaupt –
man stellt sich das doch anders vor!‹«[15]

Auch nach der Trennung riß die Beziehung zu Klages nie

Reventlow-Verehrer Rainer Maria Rilke
»Jeden Morgen ein Gedicht von Rilke im Briefkasten,
das gefällt mir.«

ganz ab, da er der Amtsvormund ihres Sohnes war; eine Aufgabe, der er stets gewissenhaft nachkam.

Im Umgang mit dieser Schwabinger Zentralfigur, um die herum sich die »kosmische Runde« mit Schuler und Wolfskehl bildete, gewann die Gräfin intime Einblicke in die romantische Vorstellungswelt Wahnmochings. Sie lernte, was es mit »belanglosen« und »enormen« Menschen auf sich hatte, wurde mit der Erneuerung des Heidentums vertraut (Klages: »Heidnisch bedeutet uns der Glaube an die außerpersönliche Wirklichkeit des glühenden Augenblicks«[16]) und saß mit den Kosmikern

Reventlow-Küche in Schwabing

Franziska Reventlow (am Fenster) führte eine Zeitlang eine Ehe zu dritt mit dem Schriftsteller Franz Hessel und dem polnischen Glasmaler Bogdan von Suchocki (»unser Dreieckshaushalt«).

»stundenlang im Moos« und redete über »das Mutter- und Hetärenthema«. (Tagebuch, 15. August 1899)

Die Gräfin zeigte sich amüsiert und spielte mit. Bei der »heidnischen Heiligen« war es nicht geblieben. Sie sollte auch zugleich die sexuelle Revolution verkörpern, von der sich beispielsweise der Reventlow-Freund Erich Mühsam die »Befreiung der Persönlichkeit von den gewaltigen Bindungen des Liebeslebens« versprochen hatte.[17]

Die Gräfin als weiblicher Erdgeist, als eine schleswig-holsteinische Version der männermordenden Lulu – das waren Respektsbezeugungen aus dem anderen Lager Schwabings, dem der literarischen Boheme.

Während also in Heidenkreisen ihr Hetärentum gepriesen wurde, weil sie mit dem Patriarchat gebrochen habe, weder einen Ehemann noch den Kindesvater akzeptiere, verehrten die »Politischen« sie wegen ihrer Unbeherrschbarkeit und Promiskuität als erotische Sozialrebellin. Ausgestattet mit diesem doppelten Ruf wurde die »tolle Gräfin« schnell zur Attraktion der Schwabinger Jours und Feste.

Über diese privaten Veranstaltungen kursierten die wildesten Gerüchte. Harmlose Symposien wurden als Orgien kolportiert. Gab es bei Wolfskehls »eine Dichterlesung mit dünner Maibowle«, so war von satanischen Messen die Rede. Die kulturhistorisch wertvollen Maskenzüge der »Kosmiker« mit Wolfskehl als »Höllenfürst«, Homer oder Weingott standen im Ruf dionysischer Ausschweifungen. Die Reventlow war meist als Bacchusknabe oder Hermaphrodit dabei.

In ihrem Schwabingroman »Herrn Dames Aufzeichnungen« beschreibt sie die Spießigkeit solcher Veranstaltungen, die meist bei Wolfskehls stattfanden. Der Hausherr, berichtet die Gräfin, habe einen indischen Dionysos dargestellt, in purpurrotem Gewand mit Weinlaubkranz und einem langen goldenen Stab. »Beim Tanzen raste er wild daher und seine Augen rollten.« In »einem animierten Moment« versuchte ein Mädchen an dem »ungeheuren goldenen Stab« emporzuklettern, aber er brach entzwei. »In diesem Moment versagte sein heidnisches Empfinden und Dionysos wurde ärgerlich.«[18]

Auf demselben Fest tritt auch Schuler auf, der Mythenforscher, in der Maske einer römischen Matrone. Seine Mutter, mit der er zusammenlebt (er ist schon über vierzig), irrt zwischen den Gästen herum und sucht ihn. Endlich entdeckt sie ihn unter seinem Schleier, aber er

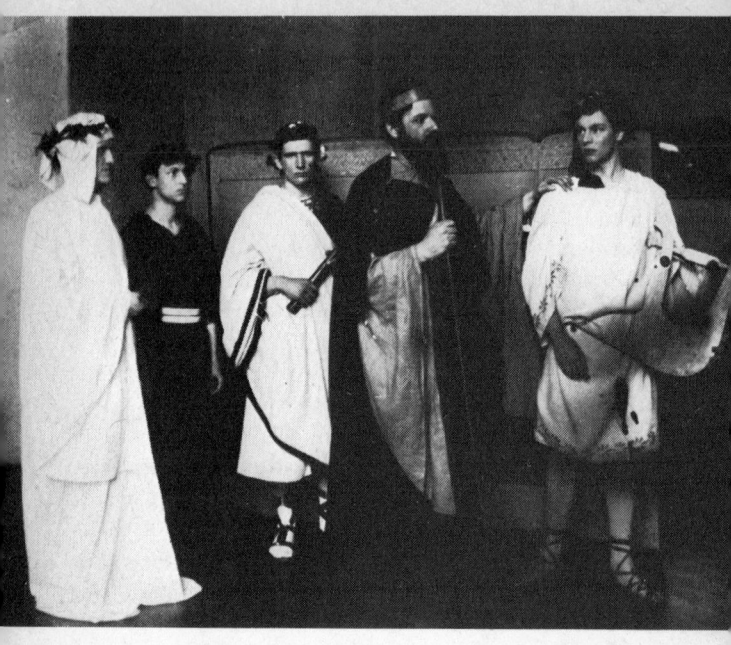

Maskenzug im Hause Henry von Heiseler (1904)
Stefan George (links) als Dante, Karl Wolfskehl (Mitte) als Homer.

wendet sich ab und will sie nicht erkennen. Die Gräfin:
»Ich habe munkeln hören, daß er unter der Maske der
Matrone für den Eingeweihten die große Urmutter dar-
stellt. Sie begreifen, daß es nun wirklich stillos wäre, sich
mit seiner Mama zu unterhalten, wenn man sich selbst als
Urmutter empfindet.«[19]
Mystischer Mummenschanz und kosmisches Brimbo-
rium waren im damaligen Wahnmoching an der Tages-
ordnung. Leute wie Klages und Schuler glaubten, daß der
bürgerliche Mensch mit seiner »semitischen« Vernünftig-
keit und seinem »seelenmordenden Fortschritt« zum Untergang verurteilt sei. Bald würde ein neuer Menschen-
schlag mit »der Instinktausschließlichkeit des großen Tä-

Das Eckhaus in der Kaulbachstraße

Eines der Schwabinger Boheme-Quartiere Franziska Reventlows und Schauplatz ihres Wahnmoching-Romans. Sie lebte hier mit Franz Hessel und »Such«.

ters«[20] heraufkommen und mit ihm eine neue »heidnische Blutleuchte«. (Alfred Schuler)

Die Gräfin schaute dem Treiben der Kosmiker anfangs amüsiert, später leicht angeekelt zu. Kommentar zu einem »heidnischen Weihnachtsfest« bei Wolfskehls: »Und wenn sie dann alle in Verzückung geraten – [...] ich weiß nicht, mir kamen sie alle vor wie galvanisierte Leichen, als ob keiner von ihnen das ›Tiefe‹, ›Erregende‹ fühlte, aber alle so taten.«[21]

Am 29. April 1899 fand bei Schuler ein »römisches Gastmahl« statt, worüber Klages berichtet. Anwesend waren unter anderen auch Stefan George, Wolfskehl und vermutlich auch die Reventlow, die solche und ähnliche Ereignisse später in ihrem Wahnmoching-Roman verarbeitete. Klages beschreibt zunächst das mystische Arrangement: Licht von einem römischen Dreidocht, viel Lorbeer, Weihrauchdüfte. Nach der Mahlzeit, vielmehr: dem Gastmahl, liest Schuler aus seinen Fragmenten. Klages: »Keiner vernimmt noch genau, was Schuler kündet, doch aus dem Dröhnen seiner Stimme wächst ein Vulkan, der glühende Lava schleudert, und aus der Lava steigen purpurne Bilder, besinnungsberaubend, entrückend.« Danach fliehen alle auf die Straße, voran George, der immer wieder ausruft: »Das ist Wahnsinn! Ich ertrage es nicht! Das ist Wahnsinn! Führen Sie mich fort, führen Sie mich in ein Wirtshaus, wo biedere Bürger, wo ganz gewöhnliche Menschen Zigarren rauchen und Bier trinken«![22]

Das war der Stoff für Franziska Reventlows Schwabing-Satire. Sanft, fast liebevoll botanisiert sie darin die seltsamen Blüten, die zu Beginn dieses Jahrhunderts aufgingen – in den Köpfen bedeutender, ja enormer Menschen. In ihrer Belanglosigkeit finden sie sich bei der Gräfin wieder. »Was hab' ich davon«, läßt sie einen Zweifler an Wahnmochings Größe sagen, »wenn ich abends dionysisch herumrase, mir wie ein Halbgott vorkomme und am nächsten Morgen doch wieder mit der Trambahn ins Bureau fahren muß.«[23]

Coeurbuben, Salonschurken

>»Die Idee vom vollen Glück
hat für mich immer etwas so Trostloses, Bedrückendes.
Es klingt so peinlich definitiv, [...]
wie wenn man sich schon zu Lebzeiten seinen Sarg bestellt.«[1]

Wovon hätte eine Frau um Neunzehnhundert, allein auf sich gestellt, ohne Vermögen, ohne feste Anstellung leben sollen? Ihren gelernten Beruf, Lehrerin, wollte die Gräfin nie ausüben, sie war keinen Tag im Schuldienst. Trotzdem zog sie aus dem preußischen Lehrerinnenexamen einen entscheidenden privaten Nutzen: sie konnte ihren Sohn vom Schulzwang freistellen lassen, ihn selbst unterrichten und immer bei sich behalten, auch auf Reisen. Wenn sie also nicht berufstätig sein wollte, was blieb ihr dann? Sie übersetzte, sie schrieb Artikel und kleine Skizzen für literarische Zeitschriften, sie redigierte Witze, übte kleine Nebentätigkeiten aus, verfaßte einen Roman, ihre Autobiographie – aber von all dem konnte sie nicht leben, kaum notdürftig existieren. Es ist das alte Problem der Boheme – die Gräfin sah darin die Hauptschwierigkeit ihres Lebens. »Ich war mein Leben lang allen menschlichen und seelischen Konflikten gewachsen, nur den wirtschaftlichen nicht. Weder glückliche noch unglückliche Liebe, weder Ehe noch Ehebruch, sondern ausschließlich Gläubiger, Hausherren und Lieferanten haben es dahin gebracht, mich psychisch zu zerrütten.«[2]
Eine Versorgungsehe schied für sie aus, sie wollte und konnte sich nicht binden. Aber sie war bereit, sich aushalten zu lassen, bei Wahrung ihrer Freiheit – das hielt sie für ein legitimes Frauenrecht. Im Laufe ihres Lebens ist sie eine Reihe solcher Verhältnisse mit Finanzhintergrund eingegangen. Sie waren nie von Dauer, eher flüchtig und

gelegentlich – uncharmant gesagt: die Gräfin ging der Gelegenheitsprostitution nach. Sie tat es incognito, oft in der Maske eines »Theater-Mädels«, suchte in den Cafés der Münchner Innenstadt Kontakt mit »Lebemännern« oder machte diskrete Hausbesuche. Tagebuchnotiz: »Paul I. eine zweifelhafte Errungenschaft aus der Red Cat Bar, wo ich zwei Abende meine Netze auswarf. Er begriff nicht recht, wie ich in ›dieses Leben‹ hineingeraten war. ›Armes Kind‹ etc. – Wenn der wüßte, wer ich bin.« (Tagebuch, 8. Juli 1908)

Ein Leutnant gibt ihr 200 Mark und bietet eine Aussicht auf Mätressen-Status, aber sie will nicht und gibt ihrem »Dilettantismus auf diesem Gebiet« die Schuld: »Sobald ich etwas Nützliches in amore inszenieren will, kommt etwas anderes, worin ich mich verliebe.« (Tagebuch, 10. Juli 1899)

Die Gräfin hat Vergnügen an ihren Ausflügen ins »Milieu«. Aus Rom beschreibt sie in einem Brief an ihren Hausgenossen Franz Hessel, wie sie in einem »geliehenen Bubenkostüm« in ein »Homolokal« geht: »... fabelhaft komisch, [...] ich hatte eine schwarze Perücke auf und war so zurechtgeschminkt, daß ich mich selbst gar nicht mehr erkannte. Es war Musik da und andere Mignons, die tanzten. Drei alte Herren haben mir ihre Adresse gegeben und eine Stunde zum Kommen. Und der eine drückte mir im voraus 50 frcs. in die Hand. Der Englishman hatte eine wahnsinnige Freude und wich [...] nicht von meiner Seite und erklärte mich energisch für seinen Boy.« (Tagebuch, 27. Februar 1907)

Karl Kraus nannte den erotischen Dilettantismus »eine vollendete Ehrenrettung der Unmoral«. Die Bemerkung steht in einem Aufsatz[3] über den Hetärencharakter der Wedekindschen Frauenrollen. Was er da über die »*Lulu*« sagt, könnte auch für die Reventlow gelten: »Eine Nachtwandlerin der Liebe, die erst ›fällt‹, wenn sie angerufen wird, und von der ein philosophischer Strolch im Drama

Reventlow-Geliebter Dr. Alfred Friess –
der Herr mit dem »infamen Charme«, der stets im Besitz der
Reventlowschen Wohnungsschlüssel war.
»Ich hätte mich dazumal nie in einen Mann ohne Monokel verliebt;
er wäre mir nicht ganz vollständig vorgekommen.«

sagt: ›Die kann von der Liebe nicht leben, weil ihr Leben die Liebe ist!‹« Karl Kraus trat stets offen für die erotische Freiheit der Frauen ein, sprach ihnen aber gleichzeitig jede kreative Geistigkeit ab. Insofern vertrat Kraus beides: Emanzipation und Gegenemanzipation.

Der Ausdruck »Nachtwandlerin der Liebe« könnte übrigens von der Gräfin selbst stammen. In den »Amouresken« bezeichnet sie ihren Lebenswandel als »amourösen Somnambulismus« und räumt ein, daß sie damit bei den Männern »einige Bitterkeit« ausgelöst habe.[4]

Im Tagebuch vermerkt sie mit spürbarer Befriedigung, daß Klages ihr überpersönliche Liebesfähigkeiten nachgerühmt habe. »Ich war wieder einmal das Medium für die Liebe oder vielmehr für die Leidenschaft, Erotik. Klages sagt, das wäre heidnisch, dieses nicht die Person lieben, sondern die ›Liebe‹.« (28. Juli 1901)

Im Jahre 1898, ihr Sohn Rolf ist gerade ein Jahr alt, beschließt die Reventlow ihr Glück auf der Bühne zu versuchen und nimmt Schauspielunterricht. In diese Zeit fällt auch ihre Bekanntschaft mit den »drei Studenten«. Tagebuch: »Abends Bummelei. Les trois étudiants. Souper und Orgie. Dann ihnen etwas von meinem Leben erzählt, von Theaterplänen, heulte ihnen eine Luisenszene [...] vor, und wir lachten uns tot. Dann zwischen Wollust und Tragik und was weiß ich noch. ›Wir wollen zusammenlegen, damit Sie ein Star werden!‹ 150 M – damit wird man noch kein Star, aber es war lieb.« (5. Juni 1898)

Über eine Zeitungsannonce suchen die drei Studenten erneut Kontakt mit der Gräfin, die sich als »Theatermädel Luise« ausgegeben hatte. »Luise, wo bist Du? Kleeblatt.« Die Gräfin antwortet, und : »Abends überglücklich mit den Dreien vereinigt. ›Unsere Luise, unser Mädel.‹ Ach du lieber Gott, wenn die wüßten, daß ich eine Gräfin bin, verheiratet war, etc. Das macht mir Spaß. Erst Weinrestaurant, dann zu ihnen und wieder Theater gespielt. (. . .) Sie getauft: Wurm, Ferdinand und Vater Miller.«

(Tagebuch, 11./13. Juni 1898) (Anm. d. Verf.: Figuren aus
Schillers »Kabale und Liebe«.) »Der arme Dicke wollte
durchaus Ferdinand sein. Aber es ging ihm auch als Vater
M. ganz gut. Unsere Kabale – nein, unsere Liebe à trois.
(. . .) Kollekte, die Luisenkollekte, die diesmal 100 Mark
gab.« (Tagebuch, 11./13. Juni 1898) »Wenn meine Drei
doch reich wären und mich in lauter Seide wickelten . . .«
(Tagebuch, 14. Juni 1898)

Daneben und darüber spielen sich die Amouren ab, die
unter ihrem richtigen Namen laufen. Um 1903, als ihre
Beziehung zu Klages abzukühlen beginnt, fängt sie eine
Affäre mit Karl Wolfskehl an, dem Poeten, mit dem
Klages befreundet ist. Im Tagebuch nennt sie ihn einen
»männlich schönen Assyrerprinz« und schreibt ihm fast
täglich glühende Liebesbriefe. »Jeder Tag ist gewesen wie
schweres Gold, seit Du kamst. [. . .] Du, Carlo, mir ist, als
ob wir beide das allererste Erwachen miteinander erleb-
ten, den frühesten Frühling, der so leise und zaghaft ist und
auch so schwül und reif und golden wie glühender Som-
mertag, so voll und sehnsuchtsvoll.« (Februar 1903)

Der Dichter ist entflammt von der Gräfin. In einem Jahr
schreibt er ihr mehr als 250 Briefe, manchmal drei an einem
Tag. Die Reventlow redet den verheirateten Wolfskehl mit
»Carlo« an, er nennt sie »Ellen«, nach der Titelheldin ihres
»Olestjerne«-Romans, der zu dieser Zeit in München
herauskommt. Während der Affäre mit Wolfskehl genießt
sie weiter ihre Passion mit »Monsieur«, trifft sich mit
ihren Liebhabern »Adam« und »Rodi«.

Die Gräfin zeigt sich souverän wie immer. Sie zitiert –
32jährig – den Geist ihrer Jungmädchenblüte – »das allererste Erwachen«, »der früheste Frühling«, und beweist ihr
Talent zur erotischen Schizophrenie. »Du Geliebtester«,
so schreibt sie mit feiner Graduierung an »Carlo«, »ich
will gern jeden Knaben aus meinem Kreise verbannen,
wenn Du willst.« (2. März 1903) Zur gleichen Zeit
intensiviert sie ihre Beziehung zu dem polnischen Bohe-

Reventlow-Geliebter Karl Wolfskehl

»Beim Tanzen raste er wild daher, und seine Augen rollten. Mir fiel auf,
daß er eigentlich ein schöner Mann ist mit seiner mächtigen Gestalt und
seinem dunklen Bart.«[5]

mien Suchocki. »Schon seit langem kommt der Such
jeden Abend und gehört auch ganz zu meinem Leben.«
(Tagebuch, 5. Januar 1903)
Wolfskehl liest in ihren Briefen: »Sieh, Du lieber, Du
darfst doch meiner so sehr sicher sein.« (7. März 1903) Zur
gleichen Zeit ist die Reventlow noch mit den amourösen
Folgen des auslaufenden Faschings beschäftigt: »Rodi,
Schmitz und meine Trios« (die Studenten) »im Bierstü-
bel. [...] Fühle mich erosdurchleuchtet – Beardsley holt
mich ab« (der Jugendstilzeichner). »Daheim wartet der
Krieger auf mich« (Suchocki) »– kein Konflikt, fühle

mich so überreich. Liebe alle und alles.« Diese Tagebuch-
sequenz (Tagebuch, 5. Januar 1903) steht unter der Überschrift »–Carlo–«.

Von den physischen Anstrengungen ihres Liebeslebens
teilt die Gräfin wenig mit. Manchmal vermerkt sie im
Tagebuch zwei oder drei Liebhaber unter demselben
Datum.

Manches an dieser »erosdurchleuchteten« Aktivität mutet
nymphomanisch an. Aufschlußreich in dieser Hinsicht
scheint eine Bemerkung des alten Klages zu sein, der am
Ende seines Lebens in einer Porträtskizze über die Reventlow schrieb: »Übrigens kann nicht verschwiegen werden,
ihre Sehnsucht nach sinnlich-seelischem Rausch war größer als ihre Fähigkeit dazu.«[5]

Die Gräfin selbst ließ nichts durchblicken. Allerdings
beklagt sie im Tagebuch gelegentlich eine Ungleichzei-
tigkeit ihrer sinnlichen und seelischen Bedürfnisse. Die
gingen bei ihr immer auseinander. Über ihre kurze Ehe
mit dem Gerichtsassessor notierte sie: »Sonderbar, daß
ich ihm gegenüber nie eine starke sinnliche Empfindung
gehabt habe. Meine Sinnlichkeit schwieg, oder sie dachte
an einen anderen.« (Tagebuch, 6. Juli 1895) Mit Klages
muß es ihr ähnlich ergangen sein, und umgekehrt wohl
auch in der ambivalenten Beziehung zu »Monsieur«, die
auf das Sexuelle beschränkt war.

»Warum gehn Liebe und Erotik für mich so ganz auseinander?« So fragt sie sich in einer jener typischen Selbster-
forschungen, die sie meist in der Neujahrsnacht anstellte.
(Tagebuch, 1. Januar 1897) Offenbar handelt es sich hier
um eine Schlüsselerfahrung, aus der heraus verständlich
wird, warum sie dieses auffallende Faible für den »fremden Mann«, für die unpersönliche Liebe hatte.

Als Vierzigjährige schrieb sie ein Buch darüber, den
erotischen Bekenntnisroman »Von Paul zu Pedro«. Die
Liebe erscheint darin als amüsanter Zwischenfall, der ihr
selbst oft genug zugestoßen ist.

Die Galerie der Typen

»Es sind nur zwei Dinge,
die einem dies Gefühl von Daseinsberechtigung geben:
Liebe und Geld.
Soll es ganz richtig sein, so sind es beide zusammen,
aber wann ist wohl das Leben einmal ganz richtig?«[1]

Fast zehn Jahre dauerte es, bis die Gräfin nach ihrem
Jugendwerk das zweite Buch herausbrachte, den Briefroman »Von Paul zu Pedro«, worin sie ihren eigenen Stil
fand. Es sind die frivolen und mitunter zynischen Töne
der erotischen Literatur – die um die Jahrhundertwende
in Mode kam, aber bis dahin eine Domäne der Männer
war –, die sie nun anschlägt.
Stilbildend wirkten hier die Reventlow-Freunde Franz
Blei, Franz Hessel und vor allem Oskar H. A. Schmitz, ein
heute vergessener Schriftsteller, den Tucholsky wegen
seiner leichtgeschürzten Bücher »einen ewigen Primaner«
nannte.[2]
Die Nähe zur erotischen Literatur ihrer Epoche verdankt
die Gräfin aber in der Hauptsache ihrer Übersetzertätig-
keit. Jahrelang hatte sie unter wechselnden Pseudonymen
französische Liebesromane von Maupassant, Flaubert,
Prévost und deren Epigonen ins Deutsche übertragen –
wie am Fließband. Insgesamt, so hat ihre Herausgeberin
ausgerechnet, fast 6000 Buchseiten. Für ihren eigenen Stil
war diese Fronarbeit nicht ohne Folgen geblieben. Die
»skandinavische Richtung«, den von Klages so gerühm-
ten »Naturalismus« ihres Erstlings »Ellen Olestjerne«,
hatte sie überwunden. Damals schrieb sie noch die schwere, schwüle Prosa des Jugendstils, mit backfischhaften
Ausbrüchen: »Jauchzend hineintaumeln in eine namenlose Lust«, »das versengende Feuer löschen in berauschen-
der Raserei«.[3]

Zehn Jahre später gibt sie sich nun beim Schreiben entspannt und abgeklärt. Souverän plaudert sie über flüchtige Bekanntschaften, das »Zeitalter der Päule«, über »seriöse Dauersachen«, »Salonschurken«, »Coeurbuben«, »Begleitdoggen«, »fremde Herren« und andere Begebenheiten aus dem gräflichen Leben.

»Von Paul zu Pedro – Amouresken« markiert die Abkehr der Reventlow von der Armutsboheme der Münchner Jahre, samt den dazu gehörenden stilistischen Peinlichkeiten des Sturm und Drang. Obwohl arm geblieben, präsentiert sie sich jetzt mit dem überlegen-spöttischen Gestus der distanzierten Weltdame.

»Von Paul zu Pedro«, ein Roman in Briefen, entstand im ersten Jahr ihres Aufenthaltes in Ascona. Einziges Thema dieses schmalen Büchleins ist die Liebe als einer der großen trivialen Irrtümer des Lebens – mit oft tragikomischem Ausgang.

Der Roman trug ursprünglich den Titel »Teegespräche«. Der Verleger fand das zu farblos für die erotischen Bekenntnisse einer vierzigjährigen Aristokratin, die im Ruf einer großen Hetäre stand. »Von Paul zu Pedro« hielt er angemessener. Die ironische Anspielung, die gerade im Titel »Teegespräche« auf das Hetärenmotiv enthalten war, muß dem jungen Albert Langen damals entgangen sein. Die Anspielung besteht darin, daß die »Teegespräche«, wie Johannes Székely bemerkte, offenbar eine sehr freie Variation der »Hetärengespräche« darstellen, eines Klassikers der frivolen Literatur, den übrigens Franz Blei, ein Freund der Reventlow, damals gerade neu übersetzt hatte.

Inhaltlich passiert etwas Neues: Die Frau tritt aus der Rolle des Gesprächsobjekts heraus und erscheint als Souverän. Die Männer spielen den dummen August und werden von den Launen eines weiblichen Subjekts (der Gräfin) zum Narren gehalten.

In diesen feministisch neugefaßten »Hetärengesprächen«

breitet die Gräfin den reichen Schatz ihrer Erfahrungen aus. Sie braucht nichts zu erfinden, ihr Leben liefert den Stoff. Zum Beispiel die Galerie der Liebhaber in den »Amouresken«: alles Figuren aus ihrer Biographie.

Da ist der schon erwähnte Typ »Retter«, Ludwig Klages nachempfunden. »Der Retter meint es gut und aufrichtig, schon das ist schwer zu ertragen. [...] Er findet, es sei ein Jammer, daß wir uns zeitlebens so weggeworfen haben, an so viele, die es nicht wert waren [...] – ja, wenn wir nur einmal an den Rechten gekommen wären – wie anders, Gretchen! [...] Dabei ist er trotz allem: wie schade um diese Frau – merkwürdig tolerant gegen unsere Vergangenheit, empfindet sie mehr als Verirrung: ihr ist viel vergeben, denn sie hat viel geliebt. [...] Der Retter sagt gerne: ›armes Kind‹ und streicht einem dabei die Haare aus der Stirn – eine unausstehliche Angewohnheit, man darf nie vergessen, ein Taschenkämmchen mitzunehmen. [...] Der Retter will kein Philister sein – Gott bewahre. Er verwirft auch die illegitimen Liebesfreuden an sich durchaus nicht, faßt sie nur viel zu ernst auf und sucht ihnen eine ethische Weihe zu verleihen. [...] Trotz der schlagendsten Gegenbeweise hält er an dem Dogma von der monogamen Veranlagung der Frau fest.«[4]

Noch als Siebzigjähriger erinnert sich Klages an die Zurückweisung, die der »Retter« erfahren mußte: ». . . vom Manne verträgt sie nicht die geringste Zärtlichkeit. Sie bebt zurück, wenn der Liebste zärtlich ihre Hand streichelt, verabscheut es, über die Haare gestrichen zu werden usw. Und das war für mich peinigend bis zum äußersten.«[5]

Da ist der Typ »verheirateter Mann«: »Davon habe ich schon in frühen Jugendjahren einen nachhaltigen Schrecken bekommen. Da wollte einer mit mir durchgehen, der sechs Kinder hatte und natürlich auch eine Frau. Er sagte mir, ich sei eine Sphinx und er selbst ein Schurke – und das machte mir tiefen Eindruck – ich war damals noch so dumm.«[6] Die Szene ist in ihrem Tagebuch unter dem Datum des 18. Mai 1897 vermerkt: »Beim (Polizei-)Kommissär, [...] um mich anzumelden. Er stürzt sich auf mich wie ein Wahnsinniger, er hätte mich schon immer geliebt. Eine wilde Szene, bis ich mich losgemacht. Nachmittags kommt er noch einmal, ich sollte mit ihm durchgehen. [...] Ich wäre eine Sphinx und er ein Schurke, aber er könne nicht anders usw.«

Da ist der Typ »fremder Herr«, ihrem langjährigen Geliebten nachempfunden, dem Münchner Rechtsanwalt Dr. Friess, »Monsieur«. »Der fremde Mann muß in erster Linie ein Gentleman sein, sehr elegant, sehr comme il faut und mit dem ›infamen Charme‹ – aber doch um Gottes Willen nicht ein Schiffskapitän mit Zuchthaustendenzen. [...] Und er darf niemals zur Beziehung werden, muß in der Versenkung verschwinden, ehe das in Betracht kommen könnte. Er tut es auch, sonst ist er eben nicht echt gewesen. [...] Hat man einmal mit dem fremden Mann gefrühstückt, so ist der Zauber gebrochen. Dann wird es ein ganz gewöhnliches Erlebnis. [...] Der fremde Mann ist ein inhaltsschweres Kapitel in meinem Leben und eines, das ich immer wieder gerne lese. [...] Es war zur Tradition geworden, daß wir jede nähere persönliche Bekanntschaft, jedes Übergreifen unserer Beziehungen auf unser sonstiges Dasein vermieden. [...] Unser Verkehr blieb immer zeremoniell, unpersönlich und voller Distanz. [...] Manchmal kam er erst gegen Morgen, wenn ich längst schlief, stand auf einmal mit dem Zylinder in der Hand da – das schätzte ich ganz besonders.«[7]

Über diesen »fremden Herrn« schrieb Klages: »Monsieur war eine dubiose Gestalt, die niemand zu sehen bekam, auch ich nicht, seines Zeichens Rechtsanwalt in, wenn ich nicht irre, kriminellen Sachen und, wie ich nicht zweifle, selbst das Kriminelle streifend. Dieser Herr und er allein hatte den Schlüssel zu ihrer Wohnung (. . .) Bisweilen verschwand er viele Wochen, um dann plötzlich nachts

Reventlow-Geliebter Bogdan von Suchocki, genannt »Such«
(im Münchner Fasching)

wiederum an ihrem Bett zu stehen.«[8]

Im Tagebuch liest sich das so: »Zwei Uhr nachts Friess durch's Fenster. Hatte eine Keilerei mit Rowdies gehabt und sich vor dem Gendarm zu mir geflüchtet. War besonders liebenswürdig und blieb bis zum Frühstück.« (Tagebuch, 27. Mai 1899)

Diese in manchen Einzelheiten demütigende Beziehung steht in einem seltsamen Kontrast zur sonstigen Souveränität der Reventlow. Klages vermutet, daß hier ein Schuß Masochismus im Spiel war und die Sache deswegen für sie diesen geheimnisvollen Wiederholungsreiz besaß. An Vorsätzen, die Haß-Liebe zu beenden, fehlte es nicht. Tagebuch: »Ich fand ihn lächerlich klein, verächtlich-geschmacklos. Dachte, ich hole mir morgen eine Reitpeitsche, und wenn du wiederkommst, schlage ich dich ins Gesicht. [...] Ich bin wie das Daudetsche Maultier, das sich seine Fußtritte sieben Jahre lang aufsparte.« (Tagebuch, 28. Juli 1901)

Und da ist der schon erwähnte »Paul«, der für die vielen namenlosen Männer im Leben der Gräfin steht. »Man lernt ihn in Sommerfrischen, in Hotels und auf Reisen kennen. [...] Zu Paul gehören immer Koffer und Kellner, irgend eine momentane und geräuschvolle Umgebung. Man erkennt ihn auf den ersten Blick, wenn er einem im Coupé gegenübersitzt, oder in ein Hotel hereinkommt, weiß sofort: das ist Paul. [...] Wenn ich das erste Mal sage: du, Paul – so ist er sehr erstaunt und fragt, mit wem ich ihn jetzt verwechselt habe. – Nun, mit Paul natürlich – und dann bleibt es dabei.«[9]

In den »Amouresken« (Untertitel: »Von der Schwierigkeit, nur einen Mann zu lieben«) teilt die Gräfin ihre Erlebnisse in solche, die durch »Erotik«, und solche, die durch »Liebe« gestiftet sind. Erotik ist in »erster Linie was einen freut. [...] Und das ist natürlich jedesmal etwas anderes. Es kann wohl manchmal Liebe sein und ›große Leidenschaft‹, aber ein andermal, viele, viele andere Male, ist

83

es nur Plaisir, Abenteuer, Situation, Höflichkeit – Moment, Langeweile und alles mögliche. Jede einzelne Spielart hat ihre besonderen Reize, und das Ensemble aller dieser Reize dürfte man wohl Erotik nennen.«[10]

Und Liebe? Unter Liebe versteht sie eine »seriöse Dauersache«. »Aber Sie dürfen mir diesen Begriff nicht zu optimistisch auffassen. Dauersache ist alles, was, sagen wir, monatelang dauert, seriöse Dauersache, wenn es viele Monate sind; über ein Jahr, dann wird es schon Verhängnis mit einem Stich ins Ewige.«[11]

So plaudert sich die Gräfin durch das Buch. Seine Aphorismen und locker ausgestreuten Provokationen dürften auch heute noch ihren Reiz bewahrt haben. »Mit Geld könnte ich fortgehen, [...] mit Liebe könnte ich hierbleiben«[12] – das könnte durchaus der zeitgenössische Seufzer einer Frau sein, die den Ausstieg sucht aus Ehe oder »Beziehung«. Oder der feministische Überdruß an den klugen Männern, die sich in »Retter-Posen« gefallen – auch darin erweist sich die Reventlow heute noch als kompetent: Gescheite Männer könnten es manchmal nicht lassen, Frauen als ›Problem‹ zu nehmen. »... aber es ist eine üble Angewohnheit, und ich glaube, sie ist schuld daran, daß man so oft die Dummen vorzieht.«[13]

Die Ehe dachte sich die Reventlow, auch hier wieder ganz Gräfin, als eine Einrichtung auf Distanz, mit viel Zeremoniell, wie in Fürstenhäusern. Ein Ehemann war für sie die Variante einer »Dauersache mit Finanzhintergrund« – natürlich unter streng promiskuitiven Voraussetzungen. »Treue ist vielleicht eine besondere Begabung, ein Talent. Wie kann man Treue verlangen von jemand, der sie nicht hat?«[14] Alle Eheangebote ihres Lebens hat sie ausgeschlagen: Sie gaben ihr nicht das richtige »Gefühl von Daseinsberechtigung«. Entweder sie liebte, aber es war kein Geld da. Oder das Geld war vorhanden, aber sie ließ sich ihre Liebe nicht abkaufen. So war sie darauf gekommen, daß in den bürgerlichen Verhältnissen um 1900 das Sich-

Verkaufen immer noch die »anständigste« Lösung sei.

Daß sie auch darin, trotz vieler Versuche, auf keinen grünen Zweig kam, dafür machte sie allein ihren »Dilettantismus« verantwortlich, Skrupel moralischer Art besaß sie nicht. »Nein, ich habe innerlich nichts, gar nichts gegen das Verkaufen einzuwenden, weder für andere, noch für mich. Nur müßten die Bedingungen angenehm und annehmbar sein. [...] Ich möchte sogar gelassen aussprechen, daß für mein Gefühl der Handel in seiner direktesten Form immer noch die beste Möglichkeit wäre und eigentlich auch die anständigste.«[15]

Ausgerechnet Marianne Weber, die Frau des berühmten Soziologen Max Weber, stellte zwanzig Jahre später in ihrem Bestseller »Die Frauen und die Liebe« im Kapitel »Freie Liebe als Abenteuer« Franziska Reventlow in die Ecke der moralisch-entarteten Frauen: »Ihr erotisch hemmungsloses Leben läßt den Nachdenklichen schaudern.« (»Schaudern« gesperrt gedruckt). »Wenn freie Liebe in wahllos ergriffenen sinnlich-erotischen Abenteuern endet und schließlich die dabei erfolgende Barzahlung als anständige Erledigung bezeichnet wird, so bedeutet dies« – und nun wieder Sperrdruck, – »daß schrankenlose Lebensgier nicht nur den Glauben an die Liebe, sondern auch die echten Liebeskräfte und damit die Substanz einer Frauenseele zerstört hat.«

Nach der einschränkenden Bemerkung, daß immerhin die Liebe zu ihrem Sohn »ein unzerstörbarer Kern« blieb, kommt Marianne Weber zur abschließenden Urteilsverkündung: »Ehrfurchtlosigkeit vor der Liebe zwischen Mann und Frau, spielerische Skepsis bedeuten tiefen Abfall der Frau von ihrer besonderen Bestimmung, Frevel am Menschentum.«[16] Auf dem Umschlag des Buches hieß es, hier würden »Leitlinien für die menschlichen Liebesverhältnisse aufgezeigt«, und dies »sehr feinfühlig und gesund«. Zu dieser Zeit, 1935, durfte die Reventlow in Deutschland nicht mehr gedruckt werden.

»Beruf ist etwas, woran man stirbt.«[1]

Die Literarhistoriker fanden Leben und Werk dieser Frau offenbar nicht sonderlich beachtenswert. Kaum ein Literaturlexikon, das überhaupt den Namen registriert. Erst in jüngster Zeit (1979) erschien eine Werkanalyse, die Dissertation von Johannes Székely – bislang die einzige größere Veröffentlichung über die Reventlow. Dabei hatten es die fünf Bände ihrer Romane und Novellen, die Tagebücher (1925) und der Briefband (1929) schon in den zwanziger Jahren zu mehreren Auflagen gebracht. Auch der Erstling »Ellen Olestjerne«, 1903 erschienen, erlebte bis zur Aufnahme in die erste Gesamtausgabe (1925) mehrere Auflagen.

Klages nannte es ein »außerordentliches – ja ganz riesiges Werk, bei weitem das Bedeutendste, was die naturalistische Epoche in Deutschland hervorgebracht hat«. Und, in seinem speziellen Stil: »Die Größe des Buches ist die Größe des Grauens, das vor dem Schicksal herrollt.«[2] Auch Rilke begrüßte das Buch in einer Rezension: »Ich finde, daß das Leben (der Reventlow) eins von denen ist, die erzählt werden müssen, daß man es vor allem jungen Mädchen und jungen Männern erzählen muß, die das Leben anfangen wollen und nicht wissen wie.«[3]

Die Gräfin war da ganz anderer Meinung: »Lese meinen Roman und finde ihn doch eigentlich greulich. Gott sei Dank, bin ganz erleichtert darüber.« (Tagebuch, 21. Mai 1904) Das war kurz nach Erscheinen des Buches. Jahre später wurde sie noch deutlicher. Mühsam berichtet, sie habe ihren Erstling einen »sentimentalen Schmarren« genannt.[4]

In den zwanziger Jahren, vor der Nazi-Ära, fand die Reventlow als Frau und Schriftstellerin unter Literaten und Intellektuellen viel Beachtung. Bloch zitiert sie namentlich in seinem »Prinzip Hoffnung«, die »Weltbühne« attestierte ihr »Witz und Geist« und schrieb: »Fanny Reventlow war beinahe eine große Humoristin.«[5]

Ihre Affären und erotischen Begriffsbestimmungen müssen damals sprichwörtlich bekannt gewesen sein, zitierbar für den Hausgebrauch. Tucholskys Lottchen: »Der Mann . . . der Mann ist eben – ich hab ihn auch im Auto mitgenommen, weil er so nett neben einem im Auto sitzt, eine glänzende Begleitdogge – so, hat das die Reventlow auch gesagt? Na, ich nenne das auch so. Aber nur als Begleitdogge.« (»Lottchen beichtet 1 Geliebten«)[6]

Im Dritten Reich durften die Bücher der Reventlow nicht wieder aufgelegt werden. Den Nazis war ihr Tonfall zu großstädtisch, zu sehr »Asphaltliteratur«. »Jüdisch« hätten sie wohl gesagt, wäre die Autorin nicht von Herkunft und Aussehen absolut »nordisch« gewesen.

Auch das Fernsehen hat die Gräfin entdeckt, für den dreiteiligen Spielfilm »Die Reventlow«. (Regie Rainer Wolffhardt, Titelrolle Donata Höffer). Nachdem sie praktisch vergessen war, kommt die Dame geradezu in Mode – als schreibende Frau. Ein Ausdruck, den die Gräfin haßte. »Es hat so viel peinlichen Beigeschmack – eine schreibende Frau – schrecklich.«[7]

Schriftstellerin wollte sie paradoxerweise nie sein, sie fühlte sich immer als »Malerin«. Geschrieben hat sie nur aus nackter Not, um aus der noch schlimmeren Arbeit des Übersetzens herauszukommen. »Jetzt schreibe ich ein zweites Buch«, heißt es in einem Brief aus Ascona, »ich täte viel lieber schwarze und weiße Kleckse machen, das Schreiben ist ein unangenehmes Handwerk.«[8]

Im »Geldkomplex«, ihrem humoristischen Episodenroman, schildert die Gräfin ihr geplagtes Leben als schreibende Frau. Als sie jemand mit »Schriftstellerin« anredet,

»fuhr ich denn auch diesmal auf wie von sechs Taranteln gestochen und sagte: Nein, ich sei gar nichts. Aber ich müsse hier und da Geld verdienen, und dann schriebe ich eben, weil ich nichts anderes gelernt hätte. Gerade wie die Arbeitslosen im Winter Schnee schaufeln – sie sollte nur einen davon fragen, ob er sich mit dieser Tätigkeit identifizieren und sein Leben lang mit ›Ah, Sie sind Schneeschaufler‹ angeödet werden möchte.«[9]

Als Gegenüber für ihre Ketzereien über »geistig sein wollende Frauen« baut sie einen »Reformmann‹ auf, »mit extravaganten Ideen über die Erwerbstätigkeit der Frau – er ist Nationalökonom«. Ihm zur Seite stellt sie eine Medizinstudentin, deren Steckenpferd das weibliche Gehirn ist. Diese Konstellation dient ihr als Ausgangsstellung für kleine Attacken gegen intellektuelle Frauen. »Geistige Arbeit ist ruinös und schrecklich«, schreibt sie, »Schriftstellerinnen« – schon gegen das Wort habe sie eine Idiosynkrasie. Und über das »weibliche Gehirn«: Richtig, es gäbe so etwas wie »Gehirnwindungen, und ich fühle tatsächlich bei jeder geistigen Anstrengung, wie mein Gehirn sich darunter windet. Nein, ich glaube unbedingt an den Schwachsinn des Weibes und zwar aus eigener schmerzlicher Erfahrung.«[10]

Das Schreiben, zu dem sie sich allein durch die Lebensumstände genötigt fühlte, hielt sie für keinen Weg zur Emanzipation, eher für einen Irrweg, auf dem man grau und unerotisch wird. Sie hat sich oft im Spiegel angeschaut und gefunden, daß sie das Schreiben und jede andere Erwerbstätigkeit alt und häßlich mache.

Den Frauen und sich selbst wollte sie das Berufsleben ersparen; in einer Zeit, als die führenden Sprecherinnen der Emanzipation in der Zulassung zu allen Berufen die endgültige Lösung der Frauenfrage sahen. Diesen Glauben an die Befreiung der Frau im Büro und der Fabrik mochte die Gräfin nicht teilen, sie hatte die eher altmodi-

No. 22.   [Zweiter Jahrgang.]   1899.

Nachdruck verboten.

Zürcher Diskußionen.

Viragines oder Hetären?

von Fanny Gräfin zu Reventlow (München)*.

> „Tout cela est fâcheux. Et, dussé-je passer pour être d'une moralité trop légère, j'en reviens volontiers à la „galanterie", c'est-à-dire à cette chose mal définissable, où entraient le désir, le goût vif, l'esprit, la volupté, une pointe de tendresse, et qui se défendait de la douleur, de la mélancolie et des crises du désespoir. La vie moderne est si dure, si âpre, les idées générales ont de si cruelles incertitudes que je me risque comme un remède à conseiller, à louer l'amour sans inquiétude, sans souci du lendemain, sans drame ni crise, rieur et tolérant tout au plus une larme furtive qu'on peut ne pas voir sans être cruel . . ."
>
> COLOMBA, dans l'Echo de Paris.

Darüber, was Frauen ziemt, sind die Ansichten wol noch nie so weit auseinander gegangen wie in unseren Tagen, wo die Emanzipazion und gleichzeitig die Modernität auf erotischem Gebiet immer weitere Kreise zieht und diesen beiden gegenüber hartnäckiger wie je das Filisterjum auf seinen Zopfanschauungen und Zopfgebräuchen beharrt, wie die bekante hipnotisierte Henne, die sich nicht traut, über den Kreidestrich hinauszugehen.

Und all' diese verschiednen Anschauungen und ihre verschiedne Betätigung rufen allgemeine Streitstimmung hervor und verwirren manches harmlos neutrale Gemüt. Wer hat Recht und wer hat Unrecht? — Und was ist hier das Rechte und was das Unrechte? — so halt es hin und wider, denn wir ordnungsliebenden Europäer halten es nun einmal für notwendig, das bei jeder Gelegenheit festzustellen.

Natürlich ist keine der streitenden Parteien auch nur einen Augenblik darüber im Zweifel, daß ihre Ansicht die alleinseligmachende ist. Diese Ueberzeugung gehört ja überhaupt zum Begriffe einer „Partei", wie die Schale zum Ei. Das Einzige, worauf es in Wirklichkeit im realen Leben ankomt, ist: ob man als Partei stark genug ist, um die anderen Parteien unterzukriegen und mundtot zu machen.

Im Großen und Ganzen ist das Filisterjum bis jetzt wol immer noch die stärkste geblieben und wird es wol auch immer bleiben, denn Ruhe, Ordnung und „erbärmliches

*) Dieser und die folgenden Aufsätze waren bereits fertig gestellt, als in Folge von Umständen, die außerhalb der Machtbefugnisse des Herausgebers lagen, eine Unterbrechung im Erscheinen der Zürcher Diskußionen stattfinden mußte.

sche Vorstellung, dies geschehe angenehmer in den Betten und Salons.

Von den Frauenrechtlerinnen läßt sich die Reventlow nicht in Anspruch nehmen. Sie war zwar mit einigen namhaften Streiterinnen für die Frauensache persönlich befreundet, mit Anita Augspurg etwa oder Lydia Heymann, an deren Arbeit nahm sie aber keinen Anteil. Anita Augspurg trat als Führerin des radikalen Flügels der deutschen Frauenstimmrechtsbewegung hervor, sie war Mitbegründerin der »Internationalen Frauenliga für Frieden und Freiheit«. Lydia Gustava Heymann war Herausgeberin der Zeitschrift »Die Frau im Staat«.

Mit den Themen, die in solchen Blättern erörtert wurden, hatte die Gräfin nicht das geringste im Sinn. Ihr privater Mythos war die im Eros sich auslebende Frau, und nicht die Frau, die sich in Politik und Beruf einen Platz an der Seite des Mannes erkämpft. »Solange die Frauenbewegung die Weiber vermännlichen will, ist sie die ausgesprochene Feindin aller erotischer Kultur«, schrieb sie in dem polemischen Aufsatz über die »Viragines«, die Radikalfeministinnen um die Jahrhundertwende.[11]

Was sie im Sinn hatte, war die utopische Idee von einem Leben, worin die Frauen von der Anstrengung des Berufs unbehelligt bleiben und ihre Befriedigung in Erotik und Mutterschaft finden. Die Frauen seien dafür da, sich nicht plagen zu müssen, schrieb sie tapfer wider ihre tagtäglichen Plagen. »Abgearbeitete Frauen sind etwas Greuliches.« (Tagebuch, 12. April 1898)

Viragines

»Ich habe den größten Respekt vor jenen Mädchen und Frauen,
die sich selbst durchbringen,
wenngleich ich es für eine bedauerliche Verirrung
der Vorsehung halte, daß sie dazu gezwungen sind.«[1]

In die Annalen der Frauenbewegung ist die Reventlow
nicht eingegangen. Dafür besaß sie zu wenig Korpsgeist,
war ihre Vorstellung von der Emanzipation zu individualistisch. Im übrigen dürfte sie sich die Sympathien der
Frauenbewegung für immer mit ihren Ketzereien gegen
die Suffragetten in dem schon erwähnten Artikel »Viragines oder Hetären?« verscherzt haben.

»Es kann einem Angst und Bange werden«, schrieb sie da
über die Feministinnen um Neunzehnhundert, »wenn
man diese ›Extremsten‹ in geteiltem Loden-Rock und
gestärkter weißer Weste auf den Katheder steigen (Erg. d.
Verf.: sieht) und mit einer Stimme wie eine Baß-Klarinet-
te über ›Das Woib‹ reden hört. Sie meinen ja gar nicht das
Weib, sie wollen ja gar nicht das Weib. Gott weiß, was sie
überhaupt wollen. Es ist uns aus guter Quelle bekannt,
daß hier in München im vorigen Jahr eine Versammlung
von Viragines stattfand, wo unter anderem auch die Frage
aufgeworfen wurde, ob die Männer überhaupt noch zum
Geschlechtsgenuß zugelassen werden sollten. Mit knap-
per Stimmenmehrheit, mit einer einzigen Stimme Majo-
rität, wurde die Frage ›für diesmal noch‹ bejaht.«[2]

Die Gräfin stellte den Typ der »unorganisierten« Frau dar,
deren Lebensgefühl und anarchisches Triebleben sie von
der Rekrutierung für den Geschlechterkampf von vornherein ausschloß.

Nichts Blaustrümpfiges war an ihr. Die kämpferischen
Frauenromane ihrer Freundin Helene Böhlau dürfte sie

eher komisch gefunden haben, wie die Suffragetten überhaupt, »dieses Heer von bewegten Frauen«, mit und ohne Lodenrock. Sie war viel zu sehr mit dem Überleben beschäftigt, um noch Zeit zu finden für den Kampf um Gleichheit mit dem Mann und gegen die Männer.

Gegen die materiellen Ziele der Emanzipation hatte sie nichts einzuwenden, schließlich gehörte Bebels »Die Frau im Sozialismus« zu ihrer Lektüre im Ibsen-Club. Sie schrieb: »Das Streben, die Frauen der arbeitenden Klasse aus ihrer Misere zu befreien, ihnen bessere Lebensbedingungen, höhere Löhne zu schaffen, sich der Kinder und Wöchnerinnen, besonders der unehelichen, anzunehmen, alles das ist der sogenannte berechtigte Kern der ganzen Bewegung, dem wohl kein vernünftig und human denkender Mensch seine Anerkennung versagen wird. Aber die kämpfenden Frauen würden empört sein, wenn man ihnen zumuten wollte, sich darauf zu beschränken. Die Hauptkraft der redenden, schreibenden und agitierenden Frauen konzentriert sich aber auf die Befreiung der gebildeten, gut situierten Frau, auf den Kampf um Gleichberechtigung und Gleichstellung der Geschlechter, die durch höhere geistige Schulung der Frau, durch Errichtung von Mädchengymnasien, Zulassung zum Studium und zu den verschiedenen Berufen erreicht werden soll.«[3]

Die bürgerliche Art der Frauenbefreiung, die ihre Klientinnen dem Konkurrenzkampf mit den Männern auslieferte, war der Reventlow völlig wesensfremd. Die Behauptung der »extremsten Bewegungsdamen«, daß »das Weib alles kann, was der Mann kann«[4], erschien ihr wie ein Menetekel für den Untergang des Weibes.

Sie selbst hat übrigens aus der Ferne ihres Schweizer Exils noch erleben können, wie der wilhelminische Männerstaat die Frauen dann wirklich aus der »Puppenstube« der Familie in die Fabriken und Berufe schickte – zur Aufrechterhaltung der Kriegswirtschaft.

Das banale Schicksal, die Frau als Arbeitskollegin des Mannes, hätte die Gräfin sich und ihren Geschlechtsgenossinnen gern erspart; verherrlicht als Emanzipationsprogramm hat sie es nie. Sie dachte immer, eine Frau müßte auf Rosen gebettet sein und sich im Genuß ausleben. Die Frau ist nicht zur »Arbeit, nicht für die schweren Dinge der Welt geschaffen«, schrieb sie, »sondern zur Leichtigkeit, zur Freude, zur Schönheit – ein Luxusobjekt in des Wortes schönster Bedeutung, ein beseeltes, lebendes, selbstempfindendes Luxusobjekt, das Schutz, Pflege und günstige Lebensbedingungen braucht, um ganz das sein zu können, was es eben sein kann. Für den harten Kampf mit dem Dasein sind wir nicht gemacht, das weiß auch jede Frau, die durch die Verhältnisse zu solchem Kampf gezwungen ist. [...] Wir sind dazu da, es gut zu haben und uns nicht plagen zu müssen . . .«[5]

Als Begründung für dieses der Arbeit entrückte Frauendasein in Luxus und Geborgenheit führt die Reventlow, die selber nie in den Genuß solcher Privilegien gekommen war, eine Kategorie an, die noch vor einigen Jahren unter Feministinnen einen Aufschrei der Entrüstung ausgelöst hätte: die »Natur der Frau«. Heute, da die Forderung nach Gleichstellung mit dem Mann im Sinne einer über alle biologischen Unterschiede hinweggehenden Gleichbehandlung in der fortgeschrittenen Frauenszene als rigide gilt, und der Feminismus die Frauenrolle bewußt gegen die Männerrolle ausspielt, wobei das Männliche als eine Idiotie der Geschichte erscheint, heute steht die Reventlow mit ihrer am Geschlecht orientierten Frauen-Utopie ganz auf der Höhe der aktuellen feministischen Argumentation.

Dasselbe gilt für ihre Praxis der Mutterschaft, unter Ausschluß des Vaters, der nur noch in der fremdbestimmten Rolle des »Generators«, wie das im feministischen Neudeutsch heißt, auftritt. Das »vaterlose Kind« der Reventlow trifft heute den Nerv vieler auf Unabhängigkeit

Mit Bubi am Strand (rechts: Franziska Reventlow)
»Tiefsinnige Gespräche mit Bubi am Strand. Über Heiden- und
Christentum. ›Mami, ich bleibe immer ein Heide‹.«
(Tagebuch, 24. Oktober 1904)

bedachter Frauen, für die der Preis für ein Kind nicht mehr die Ehe ist. Ein Bekenntnis wie: »So ganz unselig kann ich nie mehr werden, denn der tiefste Grund meines Lebens ist doch das Muttersein«, würde nicht mehr automatisch als unemanzipatorisch gelten. Der Satz steht wie alle Mutter-Sohn-Bekenntnisse der Reventlow im privaten Teil ihres Werks, im Tagebuch. (14. April 1900)

Noch in der Frauenszene der sechziger und siebziger Jahre hätte eine Schriftstellerin mit einer solchen Bemerkung ihre literarische Existenz riskiert. 1977 veröffentlichte eine Frauenzeitschrift einen Artikel, worin die »Mutterliebe« als eine Erfindung der Männer unter Ideologie-Verdacht genommen wurde. »Von Muttergefühlen habe ich nichts gemerkt, wäre das Kind gestorben, mir wär's schon recht gewesen«, bekannte da eine junge Mutter, »die endlich einmal sagen« wollte, »daß es keine Mutterliebe gibt, geschweige denn einen Mutterinstinkt«. (Emma, Juli 1977)

Dies dürfte durch die deutlich ansteigenden Geburtenziffern bei den Alternativen inzwischen überholt sein. Hymnische Schilderungen des Mutter-Sohn-Verhältnisses à la Reventlow gelten heute wieder als lesbar.

Die Frankfurter Literaturwissenschaftlerin Silvia Bovenschen, eine frühere Mitarbeiterin der feministischen Zeitschrift »Courage« und Autorin einer »Untersuchung zur kulturgeschichtlichen und literarischen Präsentationsform des Weiblichen«, schätzt den Beitrag der Reventlow zur Emanzipation eher gering ein – jenseits des Erotischen. Silvia Bovenschen: »Bei der Reventlow finden sich im Grunde alle klassischen Zuschreibungsmuster wieder, die über Frauen und Männer um die Jahrhundertwende im Umlauf waren: der aggressive Mann, die passive, hingebungsvolle Frau, die hier allerdings nicht als Hausmütterchen erscheint, sondern eher als das Hetären-Ideal der geistreichen Gefährtin des geistreichen Mannes. Die geniale Frau, das weibliche Genie, existiert bei der Reventlow eigentlich nur im Erotischen, in der geschlechtlichen Liebe: nur hier hat die Frau Macht. Was nun die Erotik betrifft, da schwebten ihr libertine, bis heute libertine Formen des Zusammenlebens und des Auslebens vor.

Das einzige künstlerische Gebiet, wo die Frauen Gleichwertiges mit dem Mann leisten, ist die Bühne. Das Material, mit dem sie hier zu arbeiten hat, ist ihr eigener Körper, ihre Stimme, ihre Bewegung – alles sinnliche Ausdrucksformen. Die Schauspielerei sei keine produktive Kunst, sagt sie, sondern nur ein Hineinleben und Nachempfinden. Und das ist genau die Zuschreibung, die immer erfolgt ist in der Sozial- und Geistesgeschichte, da kann man Schiller nehmen oder Kant, da wird immer gesagt, die Frau sei nicht fähig zur produktiven Leistung, sie ist allenfalls fähig zur Reproduktion, zur Nachahmung. Als Muse hat sie eine große Bedeutung, aber als Künstlerin versagt sie.

Das ist, wenn man so will, eine groteske Variante in ihrem Leben: denn sie hat ja faktisch doch geschrieben, wenn auch angeblich nur zum Gelderwerb, aber sie hat doch Ambitionen in der Kunst gehabt, fürs Theater, für die Malerei. Also muß es psychoanalytischen Spitzfindigkeiten überlassen bleiben, ob die Reventlowsche Bescheidenheit in der künstlerischen Definition der Frau, bei aller Maßlosigkeit in der erotischen Selbstbestimmung, nicht doch aus der Enttäuschung entstand, daß sie in der Malerei, dem eigentlichen Feld ihres Ehrgeizes, so gar keine Anerkennung gefunden hat.«[6]

Unter die Malweiber gefallen

>»Sie saß schon früh im Lebensmai
>In der Galerie von ihrer Staffelei.«
>*Ibsen*[1]

Eigentlich wollte sie Malerin werden – was nicht eben originell war für eine Tochter aus adligem Haus. Sie stellte sich das anfangs sogar ganz bürgerlich vor: eine Malschule besuchen, gedacht war an ein Institut für »höhere Töchter« in Karlsruhe, ein Atelier mieten in der Künstlerstadt München und dann einfach drauflosmalen. Es ist aber alles ganz anders gekommen: sie hat keine Malschule besucht, sie hat nur über kurze Perioden in Ateliers gelebt und in der ganzen Schwabinger Zeit – das Tagebuch weist es aus – nur ein einziges Bild verkauft, ein Ölporträt für 50 Mark.

Ihr ganzes Leben lang blieb sie bei dem Vorsatz, Ölbildkünstlerin zu werden, sie brachte alles auf die Leinwand, was ihr vor die Augen kam, Landschaften, Zimmerwirte, Sonnenaufgänge, alpine Gegenden – und immer wieder ihren Sohn, das Götterkind. Von allen ihren Bildern ist, soweit bekannt, nur ein kleiner Fisch in Öl der Nachwelt erhalten geblieben. Über die Entstehung ihrer Bilder hat sie dem Tagebuch manchen Seufzer anvertraut: »Das Wirtshaus zum Andenken gemalt, aber nachher gemerkt, daß ich statt Terpentin Rizinusöl genommen, nachdem ich mich die ganze Zeit beim Malen gewundert, warum es heute so pappig ist.« (Tagebuch, 29. Oktober 1904) Oder, während einer romantischen Radtour mit ihrem kleinen Rolf durch Deutschland: »Bubi in Blau auf blauem Sofa gemalt, erst ganz selig, weil ich glaubte, es würde etwas Fabelhaftes, meinte, endlich einmal die Gesichtstöne erwischt zu haben. Nachher sieht's doch wieder schmierig aus.« (Tagebuch, 11. Mai 1905)

Ihre schönsten Bilder hat sie nicht in Öl, sondern in Prosa gemalt, Landschaftsskizzen wie diese: »Sonntag. Ich sitze an meinem offenen Fenster mit dem weiten Ausblick in lauter sommerliches Grün, die Sonne scheint, und überall läuten Glocken. Ich sehe einen weiten gewundenen Weg zwischen den Wiesen und denke mir das Unmögliche, wenn auf diesem Weg jemand zu mir herkäme, meine Einsamkeit erlöste und mich wieder froh machte.« (Tagebuch, 25. April 1897)

Oder, eine Septemberskizze: »Im Klostergarten auf der Bank gesonnt, die Patres und Brüder gehen lächelnd vorbei [...], Rolf spielt zwischen den Hühnern im leuchtenden Gras, über der Laube hängt roter Wein, es glüht noch einmal alles im Sommerreichtum.« (Tagebuch, 23. September 1901)

Auf der Leinwand brachte sie die Naturschilderung nicht zuwege, obwohl sie es an wiederholten Anstrengungen nicht fehlen ließ: »Mit wilder Wut an den unglücklichen Zypressen gemalt, [...] und als ich's nachher anschaute, solches Entsetzen, daß ich alles mit Erleichterung abkratze.« »Aber immer dahinter das Gefühl, ich muß noch etwas Großes zusammenbringen.« (Tagebuch, 24. Januar und 26. Januar 1907)

Dieses Große gelang ihr am ehesten in einem Metier, das sie ohne Kunstanspruch betrieb und überhaupt nur, um sich das Malen zu ermöglichen: in der Schriftstellerei – eine »groteske Variante« ihres Lebens, über die sie in ihren wehmütigen Selbstbespiegelungen oft genug gelächelt hat: »Das Prinzip meines Lebens ist, daß alles umgekehrt geht. [...] ich bin im Grunde faul und energielos und gerate doch so oft in Lebenslagen, die [...] Energie erfordern, also muß ich meiner Bestimmung entgegengesetzt handeln. Was ich auch tue, beginne und plane: unweigerlich kommt dabei das Gegenteil heraus. [...] Ich ernte nie, was ich gesät habe, sondern jedesmal etwas ganz Überraschendes.«[2]

Worin sie erfolgreich war und womit sie, wenn auch kümmerlich, ihr Brot verdiente, das haßte sie: »Die Schreiberei kommt mir vor wie ein Tier mit einem Stachel, den man sich langsam und mühsam aus dem Fleisch ziehen muß.« (Tagebuch, 20. September 1903) Unerschütterlich war sie hingegen, wo sie scheiterte: »Beim Malen viel Verzweiflung über Unfähigkeit, aber ich bin jeden Tag dabei.« (Tagebuch, 25. Mai 1904)

So wenig wie von ihrem Enthusiasmus für wechselnde Lieben, so wenig ist diese Frau von ihrer Kunst-Begeisterung verlassen worden. »Nur der Kunst leben!« – mit diesem Vorsatz war sie nach München gekommen, wo an die Stelle der »Kunst« sehr bald das »Leben« trat. Ihre größte Kunst-Tat war denn auch nicht das Malen, auch nicht das Schreiben, sondern ihr Lebensritt auf ungezügelten Gäulen, freistehend.

Weil sie als Malerin erfolglos blieb, verlegte sie sich gegen Ende ihrer Münchner Zeit aufs Fälschen. Über einen solchen Reventlowschen Kunsthandstreich und seinen tragikomischen Ausgang gibt es einen Augenzeugenbericht von Erich Mühsam:

»Ich denke mit Wehmut daran, wie sie wochenlang im Zimmer hockte, Hunderte von Gläsern um sich herum, und die Landschaften von Oberammergau, das Theater, die rührendsten Szenen der Christusgeschichte und sonst welche frommen Dinge darauf malte. Sie war auf die Idee gekommen, ihrem Dalles durch den Verschleiß von Andenken an Oberammergau bei den gerade fälligen Passionsspielen abzuhelfen. Tatsächlich reiste sie hin, saß die ganze Zeit von früh bis abends in einer Holzbude vor dem Theater und hoffte auf die amerikanischen Millionäre, die ihr die Gläser abkaufen würden. Aber die ganze Zeit hindurch regnete es, und außerdem waren die Andenken viel zu billig, als daß reiche Leute sie gekauft

München d. 26. III 97.

[handschriftlicher Brief, weitgehend unleserlich]

Dr. Peter Nabe

Androhung der polizeilichen Räumung
»Jedes Poststück, das ins Haus kommt, beginnt ›Im Namen des Königs‹…«

hätten. So kam sie fast mit dem ganzen Vorrat und mit vermehrter Schuldenlast nach Schwabing zurück. Um sich am·Anblick der durch die Malerei völlig entwerteten Gläser nicht länger ärgern zu lassen, beschloß die Gräfin, die ganze Herrlichkeit zu ersäufen. Sie mietete im Englischen Garten ein Boot, ruderte in die Mitte des Klein-Hesseloher Sees und wollte eben das mächtige Paket mit den Passionsgläsern über Bord lassen, als ein Parkwächter erschien und ihr zuschrie, das Versenken von Gegenständen im See sei bei hoher Strafe verboten. Daß sie den zum Tode verurteilten Andenken nicht einmal den Garaus machen konnte, knickte die arme Gräfin noch mehr als die ganze Pleite von Oberammergau.«[3]
Bei diesen Gläsern handelte es sich keineswegs, wie Mühsams Schilderung annehmen läßt, um billigen Kitsch. Dahinter stand vielmehr ein von langer Hand vorbereiteter Antiquitätenschwindel mit sorgfältig gefälschten Fayenceschüsseln und anderer Hinterglaskunst (»allein das große Reichsadlerglas kostete fünf Tage«). Über einen Vertrauensmann sollten die Objekte in den Münchner Antiquitätenhandel eingeschleust werden. Die Gräfin ließ sogar einen Katalog auf eigene Kosten drucken (»mit

Todesverachtung meinen Prospekt für Gläser ins Werk setzen lassen«). (Tagebuch, 7. Juli 1910)

Der Coup mißlang, weil der Hehler in letzter Minute wieder abgesprungen war. So mußte die Gräfin wieder einmal einen Mißerfolg in ihr Tagebuch eintragen: »Das ist hin, und alles verkracht, aus der ganzen Glasaffäre nichts geworden, na etc. pp.« (Tagebuch, 17. August 1910)

Für Antiquitätenhaie, die den Reventlow-Schatz heben möchten, noch ein philologischer Hinweis. Korfiz Holm, wie Erich Mühsam ein Chronist von Schwabings besten Zeiten, berichtet, die Gräfin habe ihre Oberammergauer Kollektion nach dem mißglückten Versuch auf dem Klein-Hesseloher See schließlich im zweiten Anlauf im Würmsee bei Starnberg versenkt. Die Reventlow selbst notiert für den gleichen Tag, an dem sie das Scheitern ihres Unternehmens eingesteht, eine Reise an den Chiemsee, mit Bootsfahrt, erwähnt allerdings von den Gläsern nichts.

So wie der Kunstfälscher-Coup sind viele ihrer Versuche ausgegangen, doch noch zu Geld zu kommen. Sie war der exemplarische Fall eines vom Pech verfolgten Dilettanten, besaß aber zugleich genug aristokratische Lässigkeit, um sich über alle Fehlschläge des Schicksals hinwegzusetzen. »Ich bin nie glücklicher«, schrieb sie in »Von Paul zu Pedro«, »als in dem Moment, wo ich müßig und bewundernd meine Werke untergehen sehe. Dann kann doch wieder etwas Neues kommen.«[4]

Das war kein Heldenstück, Octavio

»Sie wissen auch, wie wir das Dasein je nachdem
als ernste und schwerwiegende Sache, als heiteren Zeitvertreib,
als absoluten Stumpfsinn
oder auch als recht schlechten Scherz hinzunehmen,
aufzufassen und zu gestalten pflegen.«[1]

Am 15. April 1898 notiert die Reventlow, damals 27 Jahre alt und gerade Mutter geworden, in ihrem Tagebuch den Plan, zum Theater zu gehen. »Vielleicht gelingt es mir, damit in ein anderes Leben zu kommen« – schreibt sie, als hätte es in ihrem Leben nicht schon genug bühnenreife Intermezzi und Boulevard-Szenen gegeben. Während sie sich schon ihre Karriere ausmalt, geht das Theater mit den Hauswirten und Gerichtsvollziehern weiter. Die Wohnung ist gekündigt, ihre Sachen sind verpfändet; sie findet eine neue Unterkunft, fürs erste unbewohnbar, aber zusammen mit Rolf von Brockdorff, ihrem Vetter und dem Paten ihres Sohns, macht sie sich ans Renovieren. Der Hausmeister zu einem Besucher: »Frau Gräfin und Herr Baron sind beim Anstreichen.« (Tagebuch, 2. Mai 1898)

Einen Monat später werden die Theaterpläne konkret. Einer plötzlichen Eingebung folgend, betritt sie die Schauspielschule eines bekannten Ex-Mimen und trägt sich als »Studentin« ein. (Tagebuch 13. Mai 1898): »›Direktor‹ Oppenheim richtiger alter Schmierenkomödiant. Vorläufige Prüfung: ich muß immer die Augen verdrehen und mit schmelzender Stimme sagen: Mutter, sieh herab auf dein Kind. –« Das Madonnen-Motiv.

Der Inhaber des Schauspieler-Instituts wittert offenbar eine Chance, seine Neuerwerbung den Münchner Häusern als Adels-Sensation anzubieten. Die erste Stunde dient ganz dem Einüben höfischer Gesten, »Knicksen,

Augenverdrehen, Stelzen«. »Der alte Hund will mich Franziska nennen, blase ihm was.« Sie durchschaut die Spekulation, ist aber naiv genug, sich vom Theater eine Besserung ihrer Verhältnisse zu versprechen. »Gott im Himmel, wenn's was würde, irgendeine Zukunft – aus dem Höllenleben und der Schreiberei heraus. Ich seh mich natürlich schon mit Brillanten und eigenem Wagen.« (Tagebuch, 13./15. Mai 1898)

Vorerst bringt das Theater nur vermehrte Plagen. Um die Stunden zu bezahlen, arbeitet sie in der Akademie als Aktmodell und legt Sonderschichten ein als Übersetzerin. Zur selben Zeit verzeichnet das Tagebuch reges Rollenstudium. Auf der Probebühne spielt sie häufig die »Luise Millerin« aus Schillers »Kabale und Liebe«. Als »Luise, das Theatermädel« tritt sie auch in der Münchner BarSzene nebenberuflich in Erscheinung und gibt damit eine Probe ihres wirklichen Schauspielertalents. Sie inszeniert jenes Stück mit den drei Studenten »zwischen Wollust und Tragik«, dessen Ausgang alle Beteiligten zufriedenstellt – »die Luisen-Kollekte«.

Am 11. Juni 1898 notiert sie: »Engagement in Aussicht an einer Schmiere«. Neu im Repertoire der Rollen, die der alte Oppenheim ihr auf den Leib schneidert, ist die Christine aus Schnitzlers »Liebelei«. Nebenher übersetzt sie in wenigen Tagen einen Roman aus dem Französischen, »252 Seiten = 192 M«. Dann wieder eine Luisen-Kollekte bei den drei Studenten, die als »Wurm«, »Ferdinand« und »Vater Miller« im Tagebuch verewigt sind. »Die guten Kerle, sie wollen mich alle zusammen heiraten.«

Die Theater-Karriere scheint sich zu entwickeln. Ernst Drach, der Direktor des Gärtnerplatztheaters, ist an ihr interessiert. Oppenheim macht ihr Aussichten aufs Schauspielhaus. Sie probt weiter »Liebelei« im Ensemble und gibt Privatvorstellungen als »Luise«. Mit einem Theatermädel namens »Mizzi« bummelt sie durch die Innenstadt und gabelt »Lebemänner« auf, »incognito«.

München 25. 10. 98.

Fräulein
Franziska Reventlow.
Hohenzollernstr. 1c.
München

Wertes Fräulein!

Nach der heutigen Probe habe ich die Überzeugung gewonnen, daß sie für unsere Bühne u. die an dieselbe gestellten Anforderungen noch nicht reif genug sind. Im Auftrage der Direktion teile ich Ihnen demzufolge mit, daß das gegenseitige Vertragsverhältnis mit dem heutigen Tage erlischt.

Ihr ergebener

[Unterschrift]

Regisseur.

Kündigungsschreiben des Theaters am Gärtnerplatz
»... noch nicht reif genug sind«.

Und immer der Mann im Hintergrund, »Monsieur«: »Friess kommt abends manchmal vom Tennisspielen, im weißen Anzug und Racket. [...] Ich finde, er kommt sich etwas wie ein Märchenprinz vor, der zu einer armen Wäscherin herabsteigt.« (Tagebuch, 31. Juli 1898)

Daneben die Hauptrolle, das Durchbringen ihres Sohnes, dessen ersten Geburtstag sie am 1. September 1898 begeht, Tagebuch: »Meines Herzkinds erster richtiger Geburtstag. [...] Lag neben mir, rosig, süß und gesund [...] und streckte seine kleinen Pfoten nach mir aus [...] Mit ihm gespielt bis zum Abend. Wenn ich ihn dann hineintrage, legt er immer die Arme um meinen Hals oder zieht mich an den Haaren und ich denke, das ist mein, mein. Dies ist das einzige Glück, das ich festhalten will, festhalten durch mein ganzes Leben.«

In der Woche vor dem Geburtstag vollbringt sie eine Übersetzungsleistung, die im heutigen Verlagswesen als schieres Wunder gälte, knapp 150 Buchseiten in vier Tagen. Daneben findet sie noch die Zeit für einen »Fischzug« durch die Bars, der eine »Extraeinnahme von 200 M.« abwirft. (Tagebuch, 22. August 1898)

Die Theaterpläne sind inzwischen in ein neues Stadium getreten, konkrete Rollen sind im Gespräch, für die sie die entsprechende Garderobe anschaffen muß, auf eigene Kosten natürlich. Am 3. Oktober schickt ihr Oppenheim ein Billett, daß sie endgültig fürs Gärtnertheater engagiert sei, für 70 M im Monat. Einer »Balletteuse«, die auch Schauspielerin hatte werden wollen und deren Bühnenkleider noch im Schrank hängen, kauft sie ein Dienstmädchenkostüm ab; darin spielt sie, die Gräfin, eine Kammerzofe – ihre erste Rolle. Anderntags kommt in aller Herrgottsfrühe ein Schreiben vom Direktor, sie sei »für die Bühne noch nicht reif genug« und der Kontrakt hiermit gelöst. Später erfährt sie den wahren Grund: sie sei »nicht üppig genug«.

Und doch hat sie auf der Bühne gestanden, wenn auch erst

ein Jahr später und eher zufällig. Nach ihrem Abgang vom Gärtnertheater lernte sie Otto Falckenberg kennen, den späteren Direktor der Münchner Kammerspiele, der damals Regie führte bei einer Studentenbühne, dem Münchner »Akademischen Dramatischen Verein«. Falckenberg engagierte die Gräfin für die Uraufführung eines Stückes von Knut Hamsun, »An des Reiches Pforte«. Sie sollte die »Elina« spielen, die Hauptrolle. »Das Stück fiel [...] elend durch mit Zischen und Pfeifen«, notierte sie im Tagebuch, »wir Schauspieler kamen besser weg und wurden ziemlich oft gerufen.[...] Nach der Vorstellung kam Falckenberg, gratulierte mir und sagte: Sie haben gerettet, was zu retten war.« (Tagebuch, 12. November 1899)

Ein halbes Jahr ihres Lebens hatte sie dem Einfall geopfert, ausgerechnet beim Theater auf einen grünen Zweig zu kommen, und war dabei nur noch tiefer in Schulden versunken. Das Intermezzo auf der Bühne endet schließlich mit einem typischen Reventlowschen Aktschluß: der Gerichtsvollzieher tritt auf und macht alte Forderungen geltend. Die Gräfin hat weder Geld noch Wertsachen im Haus – da pfändet er ihre Theatergarderobe.

Tagebuch, 4. November 1897: »Nun ist es schon elf
Wochen alt, das Göttliche, und wird immer süßer, stram-
pelt, lacht und kann ›la‹ sagen. [...] Alle Welt macht ihm
die Cour, sogar gestern der Gerichtsvollzieher, stellt sich
an die Wiege und sagt gerührt: ›Ach, das unschuldige
Kind‹.«
Drei Tage später, Tagebuch, 7. November 1897: »Heute
ist er getauft, nur aus praktischen Gründen, damit er
später eventuell einen legitimen Taufschein hat für die
Schule oder so. Aber recht dumm kam es mir doch vor.
Hatte Rolf Brockdorff vor ein paar Tagen meine Silbersa-
chen zum Versetzen gegeben, um die heilige Handlung
zahlen zu können, und der Elende brennt damit durch und
läßt sich nicht mehr sehn, weil er sich geniert. – Und siehe
da, gerade heut morgen kommt ein Brief von Panizza mit
20 Frcs., da er meine Misere ahnt. Aber Rolf kommt nicht,
hole also Frau Güttner, da ich jemand als Zeugen brauche
und schreibe mit Kreide an die Tür: Rolf, komm sofort in
die Kirche. Dann schieben wir los, ganz würdelos ohne
Droschke. Treffen Rolf in der Türkenstraße, er versucht
noch zu entfliehen, wird aber erwischt und muß mit. Der
Küster empfängt uns mit Vorwürfen, weil eine Stunde
Verspätung. Wir in heiterster Stimmung platzen immer
wieder heraus, und der Pfaff' wird ganz verlegen, verwechselt alles. Hält Rolf für den Vater und Frau Güttner
für die Hebamme und macht die Sache möglichst rasch,
um unsern Lachsalven ein Ende zu machen. Als er uns

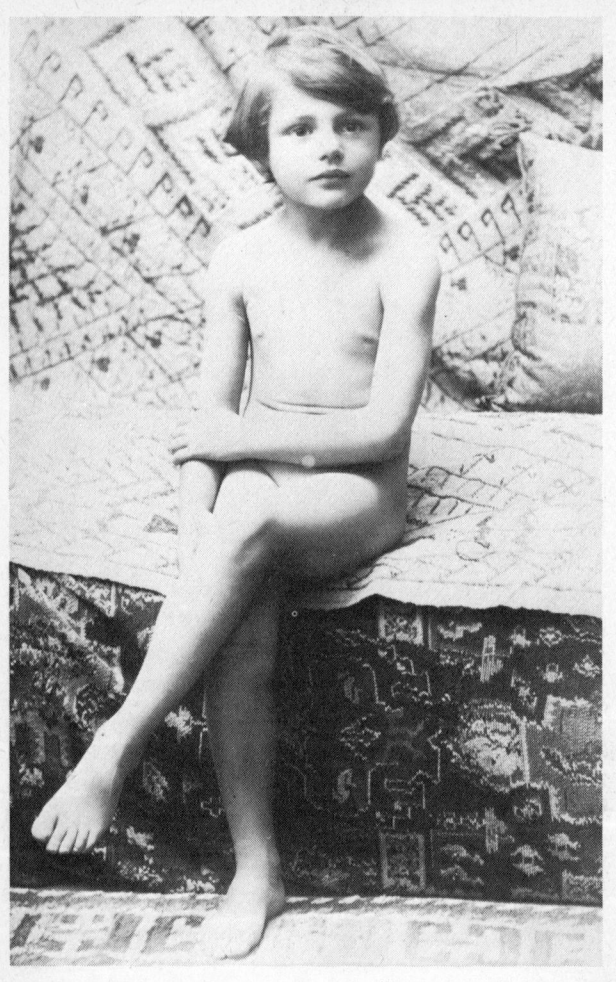

Rolf Reventlow, »der Bubi«

»Die Maus ist jetzt von wahnsinniger Süßigkeit.
Wir feiern jetzt förmlich Flitterwochen zusammen.«
»Aus den späteren Jahren des Tagebuchs erfährt man, daß sie sich ein paar
mal verkaufte. Nun, es ist völlig gewiß, daß sie es tat, um ihr glühend
geliebtes Kind vor dem Hungertod zu retten.« (Klages)

dann noch Gottes Segen wünscht, sind wir ganz verloren. Am Heimweg hab' ich meinen Bereiter getroffen und Rolf in den Bäckerladen geschickt, seinen Namen zu erfragen. Es scheint, die Bestie in mir erwacht wieder nach langem Schlummer. Er gefällt mir jetzt wieder, und ich hab' ihm den ›reizenden Käfer‹ verziehen. Gott, damals, als wir in der Barterrasse miteinander kokettierten, und wenn er immer an mir vorbeiritt, wie ich in den letzten Bubistadien ausging und wir uns dann so vielsagend anlächelten.

Dann mit Frau G. und Rolf Taufe gefeiert, freuten uns besonders darüber, daß Bubi die Zunge ausstreckte und ›la‹ sagte, als der Pastor ihn auf die Erbsünde aufmerksam machte.«

Bubi – die Reventlow und der Sohn

»Nur das Verhältnis zum Sohn
bringt der Mutter uneingeschränkte Befriedigung;
es ist überhaupt die vollkommenste, am ehesten ambivalenzfreie
aller menschlichen Beziehungen.«
S. Freud[1]

Die eindrucksvollsten Partien des Tagebuches handeln von der Mutter-Sohn-Idylle inmitten eines chaotischen Lebens. Kindergeburtstage zu zweit in wechselnden Quartieren, Weihnachtsfeste, gemeinsame Radtouren, Nachtgespräche, die groteske Taufe, die Verhöre der Mutter durch den Vierjährigen (»Gibt es auch weiße Kaminkehrer? Werden die Gänse alle Tage gerupft?«) – das alles sind Bruchstücke eines Schelmen- und antiautoritären Erziehungsromans – jenseits der patriarchalischen Kleinfamilie.

Unter Berufung auf das Recht zum Hausunterricht, das ihr als Lehrerin zustand, war es der Gräfin immer gelungen, ihren Rolf aus den Schulen des Kaiserreichs herauszuhalten. »Muß ihn ganz frei und für mich haben, daß mir das schöne grade Bäumchen nicht verkrümmt wird.« (Tagebuch, 25. Mai 1904)

Einen Vater hat es nicht gegeben im Leben des Sohns, wohl aber die Präsenz von Männern. Mit Hilfe der männlichen Allgegenwart in den gräflichen Häuslichkeiten, den von Frauen und Männern bevölkerten Wohngemeinschaften der Boheme, gelingt es, die Mutter-Sohn-Intimität frei zu halten von den schädlichen Einflüssen eines übergroßen Mutter-Egoismus. Im übrigen dürfte schon die Härte des unsteten Wanderlebens, die Dürftigkeit des Wohnens, die ganze Armut dieser Existenz den »Bubi« vor der seelischen Aufweichung durch eine Mutter-Fixierung bewahrt haben.

Mon cœur is every times pink
for You !!   F.

Bubi mit seinem Hund »Bobby« (auf dem Stuhl)
Mit einer Widmung von Bogdan von Suchocki, Franziskas »Such«

Der kleine Rolf wächst auf in einer Atmosphäre zwangloser Natürlichkeit, die allen preußischen Vorstellungen von Zucht und Ordnung hohnspricht – und die männlichen Leitbilder der wilhelminischen Knaben-Erziehung mit Nichtbeachtung straft.

»Bubi hat doch viel Feminines, aber das liebe ich sehr an ihm und protegiere es, damit er später einmal nicht mannsimpelt. Denn ein wirklicher Mensch hat doch beides in sich – ich zum Beispiel.« (Tagebuch, 21. September 1903)

Der Inhalt ihres Lebens, der Grund fast aller Anstrengungen, war der Sohn, für den sie sich auch verkaufte. Sogar die strenge Marianne Weber mußte das respektieren, als ein »Hetärentum, das sich durch Mutterschaft über das Dirnentum erhebt«.[2]

Ludwig Klages, der gesetzliche Vormund von Rolf, schrieb in seinem Reventlow-Porträt: »Es ist völlig gewiß, daß sie es tat, um ihr glühend geliebtes Kind vor dem Hungertod zu retten.«[3] Die Gräfin selbst urteilte souverän wie immer: Ob Rolf ihr später ihren Lebenswandel verübeln würde? Nein, »er möchte mir's eher übelnehmen, wenn ich ihn und mich verhungern ließe, und wenn ich mich mit Übersetzen totschinde. Mein einziges Verbrechen ist, daß ich nicht reich bin.« (Tagebuch, 22. August 1898)

Damals ist er noch die »Maus«, das »Göttertier«. Alle, die ihn sehen, Rilke, Thomas Mann, Wedekind, Mühsam und die vielen anderen, die bei der Gräfin ein und aus gehen, sie auf den Jours und Faschingsbällen treffen, sind von der Drolligkeit des Kindes angetan, von seiner »entzückenden Schönheit« (Klages). Die Reventlow im Tagebuch, zwischen lauter Hiobsmeldungen von Krankheiten, Pleiten und Depressionen: »Es wird alle Tage größer und schöner und ich glücklicher. Ich bin wie in einer Traumwelt, alles schimmert und leuchtet für mich, das einzige Mal im Leben, wo man ganz das Gefühl erfüllter Sehnsucht hat.« (Tagebuch, 1. Oktober 1897)

Was sie im eigenen Elternhaus nicht fand, das Wolkenreich der Kinder, das hat sie ihrem Sohn bereitet und es mit ihm zusammen bewohnt, wie irdisch es auch sonst in ihrem Leben zuging.

»Wir leben jetzt in Märchen. Der Winter ist das böse Wintertier, das auf den Bäumen sitzt und sie schüttelt. Wenn es schneit, sind es die Engelmausis im roten Himmel, die den Schnee herunterwerfen, hört es auf, so schlafen sie in goldenen Bettchen.« »Jetzt schläft das Göttliche, da steht sein Puppentheater, seine Wiege, sein Bäumchen.« (Tagebuch, 17. und 31. Dezember 1901)

Bis auf kurze Unterbrechungen ist die Gräfin immer mit ihrem Sohn zusammen, es ist der einzige Lebensbund, den sie wirklich eingeht – »Bubi wächst mir zum gleichstehenden Freund heran, mit dem man alles teilen kann.« Einmal, während einer der vielen Sommerfrischen im dörflichen Hinterland von München, schreibt sie in einem Brief an Klages: »Die Maus ist jetzt von wahnsinniger Süßigkeit, wir feiern förmlich Flitterwochen zusammen.«[4]

Was ihr in der Liebe verwehrt geblieben war, das hat sie offenbar im Zusammenleben mit dem Sohn gefunden. Er war ihr zur »seelischen Heimat« geworden. »Wie du mein Glück, mein Friede, mein Alles bist.« (Tagebuch, 14. April 1900)

Jene Freiheit von Ambivalenz, die Freud der Mutter-Sohn-Beziehung nachrühmt, dürfte die Reventlow im Lebensbund mit ihrem Rolf genossen haben. Den Vorteil dieser Beziehung sah sie darin, daß in ihr das Dilemma zwischen Gefühlsbindung und Triebfreiheit aufgehoben ist. »Immer war ich im Zwiespalt, weil ich gern beides vereinigen wollte: mein eigentliches Leben ohne Zügel und einen Menschen, der zu mir gehört.« (Tagebuch, 28. April 1897) Das konnte nach Lage der Dinge nur ihr Sohn sein, dessen Vater-Vorstellungen so allgemein geblieben waren wie die Männerbilder seiner Mutter.

Die »Außerbürgerlichen« Schwabings begrüßten diesen Lebensbund mit viel Beifall und stilisierten die junge Mutter zur »Madonna mit dem Kind«. Von der Reventlow behielten die Chronisten vor allem dieses Bild der Ikone in Erinnerung, die Symbolfigur einer vaterlosen Mutterschaft.

Um die Jahrhundertwende gab es viele sich emanzipierende Frauen, die im nicht-ehelichen Kind eine Möglichkeit der Selbstverwirklichung sahen. Sie wollten sich ihren Wunsch nach einem Kind erfüllen, ohne sich zugleich an einen bestimmten Mann zu binden. Ganz ähnliche Tendenzen sind auch heute wieder auf der Frauenszene zu beobachten. Helene Böhlau, eine Freundin der Reventlow und Emanzipationsschriftstellerin, behandelte das Thema damals in einem vielgelesenen Roman. Unter dem Titel »Das Recht der Mutter« verteidigt sie darin die uneheliche Mutterschaft als ein Naturrecht der Frau.

Die Reventlow war an solchen, wie sie es nannte, »frauenbeweglerischen« Diskussionen uninteressiert. Sie hatte keinen theoretischen, sondern einen ausschließlich praktischen Begriff von Frauenbefreiung. Was ihr Kind betrifft, ging sie noch einen Schritt über das hinaus, was damals diskutiert wurde. Sie hielt nämlich nicht nur den leiblichen Vater aus ihrem Lebensbund mit dem Sohn heraus, sondern auch gleich den »Übervater«, den patriarchalischen Staat. Ihr Rolf brauchte in keine staatliche Schule zu gehen, und als »Vater Staat« den Achtzehnjährigen zu den Soldaten einzog, da holte sie ihn sich ganz einfach wieder zurück, indem sie ihn aus der Kaserne entführte.

Die Entführungsgeschichte, die der Reventlow 1917 zu unverhofftem Ruhm verhalf, wurde von ihrem Freund, dem Schriftsteller Balder Olden, überliefert. »Ihr Götterkind, dies ganz private vaterlose Kind, um das ihr ganzes Leben sich bewegt hatte«, so schreibt er in seinem Tagebuch, »war Soldat geworden. Sie holte ihn sich, setzte ihn in Konstanz in ein Ruderboot, legte sich selbst in die

Franziska Reventlow und Sohn Rolf in Ascona

»Nur das Verhältnis zum Sohn bringt der Mutter uneingeschränkte
Befriedigung; es ist überhaupt die vollkommenste, am ehesten ambivalenzfreie aller menschlichen Beziehungen.« (Sigmund Freud)

Riemen, wurde von Wachbooten aus beschossen, brachte im durchlöcherten Kahn ihren Buben ans Schweizer Ufer. Alle Zeitungen der Welt waren voll von dieser Tat einer einzigen europäischen Mutter, die einfach nicht mittat, die so sehr Mutter war, daß sie keiner Nation und keiner Familie mehr angehören wollte. Diese Tat hatte nicht das geringste politische Motiv, obwohl man in lächerlichen Interviews, die über den Globus gekabelt wurden, aus der Gräfin eine Entente-Freundin und politische Actrice machen wollte. Sie dachte nicht daran, es zu sein, [...] war viel zu unpolitisch, tausendmal zu kosmopolitisch.«[5]

Soweit Balder Olden, der die Geschichte nur von der Gräfin selbst haben konnte. Rolf Reventlow war damals 20 Jahre alt, für ihn stellt sich das spektakuläre Ereignis etwas anders dar: »Ich war damals in einer Kaserne in Koblenz stationiert, meine Mutter traf mich dort und fragte mich, ob ich nicht wieder in die Schweiz zurück wollte, desertieren. Ich sagte ja, mein Bedarf an Krieg war reichlich gedeckt. Ich habe mich dann selbst in einem Boot übergesetzt, am hellichten Tag, ich war ja erwachsen genug und konnte selber rudern. Ein Posten, den ich für einen Fischer hielt, schoß. Andere Posten am Ufer schossen auch, aber außer ein paar Löchern im Boot hat mir das keinen Schaden angerichtet.«[6]

Rolf Reventlow erzählt

Franziska Gräfin zu Reventlow war mit einer Unzahl von Leuten bekannt, darunter auch jene Exoten, die gerade dabei waren, sich aus dem Stadium von »Raupen, Larven und Puppen« (Mühsam) in Schmetterlinge und Tropenfalter zu verwandeln, zum Beispiel die Dichter Rilke, George, Wolfskehl, Dauthendey, Klabund oder Ringelnatz, der damals noch Hans Bötticher hieß.

Keiner von diesen Zeitgenossen ist mehr am Leben, es gibt überhaupt nur noch einen einzigen lebenden Zeugen, der die Gräfin persönlich kannte und über alle Stationen ihres wechselvollen Lebens dabei war: ihr Sohn Rolf; er lebt seit Ende des Zweiten Weltkriegs in München.

Noch im hohen Alter hat er etwas von dieser »heiteren Sonnigkeit«, worin einst seine Mutter ihren Seelenfrieden fand. Mit ihrem Bubi in die Welt hinausfahren, ihrem »hellen frohen Siegfried«. »Wir beiden sind die Welt, was gehen uns die anderen an, du Einziges, wahnsinnig Geliebtes!« So hatte sie im Tagebuch geschrieben. (Tagebuch, 14. April 1900 und 14. Mai 1901)

Nach dem Tode seiner Mutter 1918 begann Rolf, damals mit 21 gerade volljährig und aus der Mündelschaft von Ludwig Klages entlassen, in eigener Regie ein abenteuerliches Wanderleben. Er ließ sich als Photograph ausbilden, arbeitete als Kopierer beim Film. In der Weimarer Republik engagierte er sich in der USPD. Später ging er nach Spanien und nahm auf republikanischer Seite am Bürgerkrieg teil, floh vor den Franco-Truppen nach Alge-

Rolf Reventlow im Alter von 82 Jahren

In Spanien ist er als Autor eines Buches über den Bürgerkrieg bekannt;
er hatte auf der Seite der Republikaner gekämpft.

»Ich war der Sohn, den sie vergöttert hat. Das ist sehr angenehm für
Söhne.«

rien und lebte dort 15 Jahre im Exil. Danach Rückkehr nach München, wo er bis zu seiner Pensionierung als Gewerkschaftsredakteur arbeitete. Er hat ein Buch geschrieben über den spanischen Bürgerkrieg, seine Autobiographie ist im Manuskript abgeschlossen. Er ist verheiratet mit Else Reventlow, die er in den Jahren nach dem Tode der Mutter kennenlernte und die schon 1925 die erste Gesamtausgabe der Gräfin herausbrachte.

Der Autor dieses Buches interviewte den damals 82jährigen Rolf Reventlow im Sommer 1979 in München, wo er, seit Jahren von seiner Frau getrennt, allein in einem modernen Hochhaus lebt. Rolf Reventlow ist ein witziger Erzähler. Auf dem Band, mit dem das Interview aufgezeichnet wurde, hört man ihn oft lachen.

Als Ihre Mutter starb, 1918, was taten Sie da eigentlich?

R. R.: »Ich wurde ausgewiesen! Anfang 1919 wurde ich aus der Schweiz ausgewiesen und unter polizeilicher Bedeckung nach Singen gebracht und bei der badischen Polizei abgegeben. Die badische Polizei war sehr gemütlich und sagte: Ja, der Chef sei nicht da, ich müßte ein bisserl warten. Währenddessen schaute ich mich um und stellte fest, daß die Polizisten sich damit beschäftigten, im Konversationslexikon nachzusehen, was Demokratie sei – ich hatte ihnen nämlich erzählt, daß ich wegen Revolutionssympathien usw. aus der Schweiz ausgewiesen worden sei. Ich war damals noch kein politischer Mensch, aber die Polizisten mit dem Lexikon kamen mir doch sehr komisch vor . . .«

Warum haben Sie sich nach dem Tod Ihrer Mutter weder um den Nachlaß noch die Herausgabe der Werke gekümmert – und dies alles Ihrer Frau Else überlassen?

R. R.: »Weil mir das nicht lag und weil die Else sich mit Feuereifer da hineinstürzte. Außerdem hat die Else die seltene Gabe, die Handschrift meiner Mutter lesen zu können! Es gibt nur ganz wenige Leute, die das fertigbringen! Nicht alles, was sie geschrieben hat, ist wert, gedruckt zu werden, nach meiner Auffassung. Der GELD-KOMPLEX ist sehr amüsant zu lesen, nicht wahr, HERRN DAMES AUFZEICHNUNGEN, das interessiert auch. Aber die Gedichte und so, denen kann ich nichts abgewinnen. Aber Else ist die Herausgeberin, möchte mich da nicht einmischen.«

In das Werk Ihrer Mutter sind Sie als »der Bubi« eingegangen, jedenfalls in den Tagebüchern und dem Briefband. Kann es sein, daß Sie das Übermaß an Mutterliebe manchmal als erdrückend empfanden?

R. R.: »Nun, ich war der Sohn von ihr, sie vergötterte ihren Sohn, das ist sehr einfach. Für Söhne ist das sehr angenehm. Zum Beispiel war sie der Auffassung, daß das arme Kind doch nicht in den Schulzwang eingefügt werden sollte. Das hat mir manchen Drill erspart und manche Paukerei. Dafür hat sie mir viel aus dem Homer vorgelesen, die griechischen Götter und Odysseus sind mir heute noch ein Begriff. Übrigens hat sie mich nicht nur wegen ihrer teilweise anarchistischen Auffassungen vom Schulzwang befreien lassen, sondern da war auch ein Rest von aristokratischem Hochmut im Spiel: daß man das Kind nicht in eine Massenschule schicken kann.«

Ihre Mutter hat ihren Titel nie abgelegt, sie war immer die »Gräfin« geblieben, wenn auch nur, wie sie sagte, aus praktischen Gründen. Wie war denn das Verhältnis zum Adel?

R. R.: »Die Aristokraten konnte sie überhaupt nicht leiden. Die nannte sie immer die ›Aristokratenbande‹. Das war aber mehr eine Opposition gegen die Enge des Milieus, besonders gegen die Vorstellung, daß ein junges Mädchen aus ›höherem Haus‹ dies und das nicht machen darf. Sie war auch gegen alles Offiziersmäßige, gegen den Kommiß, gegen den Krieg – aber auch das war bei ihr rein impulsiv und entsprach keiner theoretischen oder sonstigen Überlegung.«

Ganz ähnlich wie zum Adel hat sich Ihre Mutter offensichtlich auch zur damaligen Frauenbewegung verhalten – sie gehörte dazu, ging aber auf Distanz.

R. R.: »Die Frauenbewegung lehnte sie ab, die war ihr zu dogmatisch. Aber im Grunde genommen gehörte sie dazu, sie hatte ja auch viele Bekannte aus der Frauenbewegung. Ich kann mich erinnern, daß ich als Kind oft bei einer Familie war, wo die Frauenstimmrechtsbewegung eine große Rolle gespielt hat, bei Frau Augspurg. Meine Mutter hatte damit nichts zu tun, sie glaubte, daß sie auch ohne Stimmrecht emanzipiert genug sei.«

Als Ihre Mutter »Herrn Dames Aufzeichnungen« schrieb, ihren Schwabing-Roman, da waren Sie fünfzehn Jahre alt. Sie halfen Ihrer Mutter beim Tippen und waren wohl auch an der Erfindung des Wortes »Wahnmoching« kreativ beteiligt. Wie sah denn Ihre Mutter damals, von Ascona aus, die »Kosmiker« und »Esoteriker« des alten Schwabing?

R. R.: »Sie war eine sehr scharfe Kritikerin und sah die Verstiegenheit dieser Leute um Klages, Schuler und George, sah sie sehr genau, genauer vielleicht als andere, die auch über diese Zeit geschrieben haben. Abrechnung ist nicht das Wort, das sie verwendet hätte, aber Distanz, eine gewisse distanzierte Betrachtungsweise und das Herausstellen der abstrusen und lächerlichen Vorstellungen, die dort gepflogen wurden – und bei denen das Wort BLUT verdächtig oft vorkam. Damals hat sie ja auch immer mit dem Revolver unterm Kopfkissen geschlafen.«

Nach dem Weggang aus München, 1910, lebten Sie bis zum Tode Ihrer Mutter mit ihr gemeinsam in Ascona – man kann wohl sagen: in der Abgeschiedenheit eines Exils. Diese äußere Entrückung von der realen Welt, war das nicht eine logische Konsequenz aus ihrem immer sehr privat verlaufenen Leben?

Franziska Reventlow mit Sohn Rolf in Italien (1904)

»Schritte getan, Bubi von der Schule loszukriegen – muß ihn ganz frei und für mich haben, daß mir das schöne gerade Bäumchen nicht verkrümmt wird.«

R. R.: »Ja, wissen Sie, meine Mutter war ein unpolitischer Mensch. Den Krieg hat sie nur wahrgenommen als Bedrohung, daß man ihr den Sohn wegnehmen könnte. Sie war zwar antimilitaristisch von Grund auf, sie bekam Lachanfälle, wenn sie Soldaten die Wache ablösen sah, aber gegen den Krieg war sie hauptsächlich, weil sie ihren Sohn nicht im Krieg haben wollte. Sie war ein völlig unpolitischer Mensch. Das lag daran, daß sie sehr individualistisch eingestellt war, ein anarchistischer Individualismus war ihrem Leben gemäß. Typisch war ihre Beziehung zum Geld. Sie hatte eine Gewohnheit: Wenn sie Geld bekam, von irgendwoher, ein Honorar, dann hat sie die Zehn-Mark-Stücke – damals gab es noch Zehn-Mark-Stücke in Gold – die hat sie dann in der Wohnung herumgeschmissen und sich später gefreut, wenn sie wieder in der Not eins gefunden hat in irgendeiner Ecke. Sie hatte keinerlei Beziehung zu den Dingen, die sie nicht persönlich betrafen, zu den wirtschaftspolitischen Dingen, selbst des alltäglichen Lebens. Sie hat erst in den späteren Jahren, kurz vor ihrem Tod, hat sie erst ungefähr gewußt, was ein Kilo Mehl kostet, oder daß die Kartoffeln teurer oder billiger sind – das war erst am Schluß ihres Lebens.«

Orgien der Privatheit

»Meine ganze Menschenscheu
kommt nur aus dem Degout.«[1]

Im Gesamtwerk der Gräfin, den drei Romanen, der No-
vellensammlung (»Das Logierhaus zur schwankenden
Weltkugel«), den Tagebüchern und Briefen kommt das
Wort Politik kein einziges Mal vor.

Die Reventlow war aufsässig in ihrer Jugend, verstieß
gegen den Adelskodex, ignorierte die Normen der Ehe,
der Erziehung und in einigen Fällen auch des Eigentums;
sie besaß weder einen festen Wohnsitz noch einen Beruf
und war niemals in irgendwelchen festen Verhältnissen
etabliert –: eine Anarchistin ist sie dennoch nie gewesen,
sie hat nur anarchisch gelebt. Ihre Boheme-Revolte gegen
Verbürgerlichung und Erwachsensein war im gleichen
Maße privat geblieben wie die Schwabinger Revolte insgesamt.

Sie verließ ihr Elternhaus und verriet ihre Klasse, wie Bert
Brecht es später in der bürgerlichen Sphäre tat. Aber im
Gegensatz zu Brecht suchte sie keinerlei Annäherung an
die damals sich formierende Arbeiterklasse – sie hat sie
überhaupt nicht wahrgenommen. Trotz der Lektüre von
Bebel und Lassalle, Tolstoi und Zola im Lübecker »Ibsen-
Club« zeigte sie kein Interesse für die soziale Frage, die
Europas Intellektuelle fesselte.

Ganz Gräfin war sie beispielsweise in der Behandlung von
Dienstboten, deren Armeleute-Milieu sie nur äußerlich
teilte. Über eine Hotelmagd: »Christa in die Hauswirt-
schaft eingedrillt. Das war ein Stück Arbeit, besonders das
blöde Angrinsen dieser Klasse zu ertragen, resp. abzuge-
wöhnen.« (Tagebuch, 24. August 1900)

Während eines längeren Aufenthaltes auf Samos, wohin sie mit dem Privatgelehrten Albrecht Hentschel gereist war, der als »Adam« zum festen Stamm ihrer Liebhaber zählte – »eine extrem männliche Natur, Pistolenschütze, verwegener Reiter, Pferdebändiger (. . .) Sobald er etwas Geld in der Hand hatte, streute er es nach allen Seiten aus (. . .) starb als Kavallerist im ersten Weltkrieg«, so erzählt Klages[2] –,während des Samos-Aufenthaltes beobachtete die Gräfin vom Balkon des Hotels ein Feuerwerk zum »Namenstag des Fürsten«. In ihrem politischen Somnambulismus konnte sie auch darin nichts anderes sehen als eine Illumination ihres privaten Mutterglücks. Mit Blick auf Bubi in der Wiege notiert sie ins Tagebuch: »Da liegt mein Kaiserreich! –« (Tagebuch, 10. Juli 1900)

Das gewöhnliche Volk war ihr zeit ihres Lebens stets herzlich zuwider, besonders, wenn es ihr in Bahnhöfen und Hotelhallen auf die Füße trat oder sie beim Malen störte.

Tagebuchnotiz über Münchner Urlauber in den Alpen: »Es scheinen die typischen Sommerfrischen des schiefgetretenen, lahmen, buckligen, verkümmerten Kleinbürgertums zu sein, lauter mißratene Gestalten, die man einstampfen sollte, statt sie wieder aufzufrischen. Pfui Teufel.« (Tagebuch, 10. Juli 1901)

In der Verachtung der Massen traf sie, die Adlige, sich mit dem Elitedünkel der »Enormen« Schwabings. Die »Außerbürgerlichen«, wie sie sich selbst gern nannten, liebten es zwar, mit dem gemeinen Volk in Biergärten, im Zirkus, auf dem Oktoberfest und im Münchner Fasching auf Tuchfühlung zu kommen, pflegten jedoch als »Adel des Geistes« ein aristokratisches Selbstverständnis, worin die demokratischen Massen nur mit Degout registriert wurden. Typisch dafür ist eine Äußerung des »Enormen« Klages: »Der durchschnittliche Münchner Kleinbürger ist der ungeheuerste Idiot, der die Erde bevölkert. Anmaßend, stupide, von einem unvergleichlichen, das Preu-

ßentum in den Schatten stellenden Lokalpatriotismus –
mag er im Sumpf seiner Biere verkommen.«[3]
Die Reventlow war nie volkstümlich gewesen, so sehr sie
auch in ihrem Leben heruntergekommen sein mag. Dagegen verschaffte ihr der intime Umgang mit den Literaten
und Künstlern der Boheme eine Art Ersatzadel. Der
Bohemien und der Adlige sind Wahlverwandte, mit einer
gemeinsamen Auffassung vom Leben. Wie der Adel
schaut die Boheme auf das Geld herab und auf den
Bürger, der es rafft, beide sind immun gegen Deklassierung und verlieren ihre Selbstachtung auch in den würdelosesten Situationen nicht.
Viele große Bohemiens waren adlig: Hans von Gumppenberg, Rolf von Hoerschelmann, Eduard Graf Keyserling, Friedrich von Schennis, Baron von Rechenberg –
oder namenlose wie der Reventlow-Geliebte Bogdan
Baron von Suchocki.
In einem Nachruf auf die Gräfin und Friedrich von Schennis, die beide im gleichen Jahr starben, schrieb der Theaterkritiker Harry Kahn in der »Weltbühne«: »Geburtsadel
und Boheme zeigen tiefe Verwandtschaft. Aus der ihnen
gemeinsamen Exzentrizität wächst eine im Effekt sehr
ähnliche Unbekümmertheit; aus der nur im Standpunkt,
nicht im Grad verschiedenen Opposition gegen das Pfahlbürger- und Pfeffersackpack, nährt sich die gleiche Angriffslust und die gleiche Verachtung für alles durch Fleiß
und Schweiß zu Erringende.«[4]
Diese Angriffslust blieb politisch wirkungslos. Franziska
Reventlow war immer die große Unpolitische – ganz im
Gegensatz zu der aktiven Minderheit in der Boheme, die
sich mit dem Proletariat verbündete und die »Boheme-
Revolution« inszenierte, im Vorfeld der Münchner Räte-
Republik. Die Reventlow hatte damit nichts zu tun, sie
wollte nur sich selbst befreien und sonst gar nichts.
Jede Art von Caféhaus-Politik, literarischer Agitation und
ideologischer Auseinandersetzung war ihr zuwider.

Zwei Dichter der Boheme: Erich Mühsam (rechts) und Peter Hille (1904)
Mit Mühsam als »Impresario« war die Reventlow nach Ascona gekommen, um »Raubzüge« zu unternehmen.

Wenn sie dennoch für viele ihrer Zeitgenossen und Bewunderer subversiv wirkte, dann lag das allein an ihrer unangepaßten Erscheinung und den Eskapaden ihres Lebens, worin sich ihr ganzer Freiheitswille verbrauchte. Was ihr Freund Erich Mühsam, der »Agitator, Propagandist und Schriftsteller auf dem Gebiet des sozialen Geschehens«[5] (Selbstdefinition), »Rebellentrotz« nannte, das verkörperte die Reventlow in hohem Maße, aber nur in ihrer eigenen Biographie, und da vor allem in der Erotik. Im Gegensatz zu dem, laut Walter Mehring, »flammenbärtigen, feuerköpfigen Anarchisten und Bänkelsänger« Mühsam[6], Herausgeber einer »Streitschrift für Menschlichkeit«, Prototyp des Intellektuellen mit Anschluß an proletarische Arbeiterzirkel, konträr zu diesem Revoluzzer fand die Politik im Leben der Gräfin immer nur in der ersten Person Einzahl statt, selbst ihr Ausstieg aus der Adelskaste entsprang einem ganz persönlichen Ressentiment gegen die Borniertheit des Elternhauses.

Nur in einer Beziehung reichte ihre Lebensweise ins Politische: in ihrer Laxheit gegenüber dem Geld. Klages hat die Geldverachtung der Boheme, die einer Arbeitsverweigerung gleichkam, später richtig gedeutet als eine praktische Opposition gegen die Geldwirtschaft und ihren repräsentativen Typ: den Wirtschaftsbürger. »Es stimmt«, so schrieb er, »die gesamte Boheme hat nie auch nur soviel Geld verdient, als erforderlich war, um notdürftig zu existieren. Man lebte in Schulden, wahrte aufs äußerste die persönliche Unabhängigkeit und starb mittellos: Gegenpol des damaligen industriellen und finanziellen Aufschwungs der Bourgeoisie.«[7]

»Geldverachtung« heißt natürlich nicht, daß die Boheme und voran die Gräfin das Geld verschmäht hätten, im Gegenteil! Verachtet haben sie nur den bürgerlichen Respekt vor dem Geld, seine Behandlung als »Kapital«, den Puritanismus, der am Geld hängt und vor allem die Unterordnung des Lebens unter den Gelderwerb. Dennoch war die Gräfin erzwungenermaßen bereit, wenigstens einen Teil ihrer Zeit und Energien dem Geld zu opfern, denn, so schrieb sie, »nur Geld und Liebe geben das richtige Gefühl von Daseinsberechtigung«.

Aber was sie auch unternahm, Geld hat es ihr nie eingebracht. Zum Schluß sah sie im Geld einen persönlichen Gegner, der sie quälte, narrte und sich auf tausend verschiedene Arten dafür revanchierte, daß sie es nicht respektierte. »Ich habe die Sache mit dem Geld niemals ernst genug genommen, ließ es so hingehen und dachte, es würde schon einmal anders werden. [...] Mit Ehrfurcht und Entgegenkommen könnte man es vielleicht gewinnen, mit Haß und Verachtung unschädlich machen, aber durch liebevolle Indolenz verdirbt man's vollständig mit ihm.«[8]

Auch mit ehrlicher Arbeit ließ sich das Geld nicht umstimmen. Selbst die Finanz-Coups, zu denen die Gräfin jederzeit bereit war, brachten nichts ein. »Was hatte ich von Haus aus für einen sympathischen Charakter«, schrieb sie im »Geldkomplex«, »und wie sehr hat er unter den Geldkalamitäten gelitten. Es gibt gewiß keine Gemeinheit, die ich nicht mit Vergnügen beginge, wenn sie sich nur rentierte, [...] aber die wirklich rentablen Gemeinheiten kommen immer nur in Romanen vor.«[9]

Einmal wurden ihr 20000 Mark zum Aufbewahren überlassen, für drei Tage. Es sei ihr schwer genug gefallen, damit nicht durchzubrennen, bekannte sie, »wären es 100000 gewesen, so hätte ich eher die moralische Kraft dazu gefunden«.[10]

Vom Triebleben des Geldes

»Wie ist es möglich,
daß Menschen mit Geld jemals wirklich unglücklich sind?«[1]

Das vielleicht schönste Buch der Gräfin ist »Der Geld-komplex«, erschienen 1916, worin sie den finanziellen Dilettantismus der Boheme verspottet und ihre Erfahrungen mit dem Freud-Schüler Otto Groß zum besten gibt. Dr. Groß hatte versprochen, ihre ewigen Geldnöte psychoanalytisch zu sanieren. »Der Geldkomplex« gehört zu den witzigen Darstellungen der Psychoanalyse. Ohne Vorurteile ironisiert die Gräfin darin den Jargon der Freudianer und macht sich über die Verdrängung der weiblichen Sexualität lustig.

Ernst Bloch hat das Buch gemocht und zitiert die Reventlow gleich zu Beginn seiner eigenen Kritik an der Psychoanalyse.[2] »Der allerhäufigste Komplex«, schreibt er im »Prinzip Hoffnung«, »derjenige, den die Franziska Reventlow so ganz unmedizinisch Geldkomplex nennt«, werde in der Psychoanalyse nicht behoben. »So laut der Hunger brüllt, so selten wird er hier ärztlich genannt.« Dieser Ausfall zeige, »daß die Sorge, wie man Nahrung findet, für Freud und seine Patienten die unbegründetste war.« Das war der Ton, den auch die Reventlow anschlug.

Schauplatz des Briefromans ist ein imaginäres Sanatorium, das von ferne an den »Zauberberg« erinnert, obwohl es sich bei dem Reventlowschen Personal nicht um Lungen-, sondern um Nervenkranke handelt: »Nach meinem Gefühl wären fast alle Psychosen in erster Linie mit Geld heilbar«,[3] so schreibt die Ich-Erzählerin, die Gräfin selbst, mit Blick auf die Patienten.

Den Psychiater Otto Groß hatte die Reventlow in Ascona
kennengelernt, wohin sie 1910 vor ihren Münchner Gläubigern, wie Korfiz Holm meinte, »geflohen« war. Oberhalb von Ascona wohnte sie mit Rolf in einer Art Turm.
In der Nachbarschaft lebte, getrennt von ihrem Mann, die
Frau von Groß, die ebenfalls ein Kind durchzubringen
hatte. Otto Groß galt als eine der exzentrischsten Erschei-
nungen der internationalen Boheme. Er experimentierte
mit Drogen (auch die Gräfin hat gelegentlich Haschisch
geraucht und sich mit Morphium betäubt), plädierte für
Triebenthemmung durch die Psychoanalyse, um so die
»Revolution« mit neuen seelisch-erotischen Energien zu
versorgen.
Der offiziellen, der Freudschen Analyse warf Groß
»Triebunterdrückung« vor und damit Komplizenschaft
mit der von ihm gehaßten männlich-chauvinistischen
Staatsverfassung des Kaiserreichs. Für seine Ketzereien
war Groß von der Zentrale in Wien verstoßen worden.
Zwischen diesem theoretischen Kopf und der Reventlow
gab es viele Berührungspunkte und Wahlverwandtschaf-
ten. Groß war ein Verfechter der »freien Liebe«, er ver-
herrlichte die weibliche Sexualität, von deren Befreiung
aus den Fesseln der Moral und Ehe er sich den endgültigen
Untergang der »Vaterschaftsfamilie« samt ihres »Zwangs-
charakters« versprach.
Die Psychoanalyse wollte er zu einem Instrument der
Auflehnung gegen den »Vater« und gegen seine Überhö-
hung im Staat umrüsten. (Groß litt bis zu seinem frühen
Tod – er starb an Drogen und Unterernährung – an der
Präpotenz seines eigenen Vaters, eines berühmten Wiener
Professors der Kriminologie.)
Diesen Otto Groß traf die Gräfin in Ascona. Im »Geldkomplex« berichtet sie, wie er sich für ihre ewigen Geld-
kalamitäten interessierte und ihr schließlich auf seine geniale Art versprach, dem Problem tiefenpsychologisch
auf den Grund zu gehen.

Spiel-Ausweis für Fanny Rechenberg, geb. Reventlow

»Nach Monte Carlo, das ist einer von meinen Lieblingsträumen. Ich bin
sicher, daß ich dort mein Genre in Lebemännern mit gebrochenem
Deutsch finden würde.«[6]

Die erste »Sitzung« beschreibt die Gräfin so: Sie wollte
sich unbefangen mit ihm unterhalten, konnte aber aus
ihren Geldgedanken nicht mehr herauskommen. Er wurde aufmerksam, interessierte sich, tat alle möglichen Fragen, dann sah er sie enthusiastisch an und stellte fest: sie
litte an einem schweren Geldkomplex, und den könne
man nur durch psychoanalytische Behandlung heilen. »Er
begann seine Erörterung damit, fast jeder Komplex beru-
he auf verdrängter Erotik – mir schien, [...] er wolle auch
in meinem Falle versuchen, ihn auf diesen Ursprung
zurückzuführen. Etwa so: wenn jemand sein ganzes [...]
Leben vor allem nach Geld trachtet, muß er viele andere,
lebendigere Regungen, wie vor allem die erotischen, unbedingt verdrängen . . .«[4]

Daß die Gräfin in ihrem Leben das Erotische zu sehr
verdrängt habe, konnte von vornherein ausgeschlossen
werden. Eher war das Gegenteil der Fall. Hätte sie ihre

132

sexuellen Triebe besser genutzt, wäre sie mehr auf Gewinn als auf Genuß ausgewesen, dann hätte es mit dem Geld wahrscheinlich besser geklappt. »Es war eben umgekehrt, als wie er anfänglich gemeint hatte«, schrieb sie. »Das Geld selbst war verdrängt worden, nicht die anderen Dinge. [...] Man stellte also einen Geldkomplex in absoluter Reinkultur fest, mit Erotik hatte es gar nichts zu tun.«[5]

Otto Groß wendet nun seine Aufmerksamkeit den frühkindlichen Gelderlebnissen der Gräfin zu. »Auf diese Zeit sollen die meisten Komplexbildungen ja zurückgehen.« Dabei stellt sich heraus, daß die Reventlow schon als Kind es »für überflüssig und armeleutehaft hielt, sich um Geldfragen zu bekümmern«, also schon damals jene Arroganz gegenüber dem Geld an den Tag legte, welche das Geld damit quittierte, daß es fernblieb. Am Ende gibt sich der »Freudianer« geschlagen, und die Gräfin erklärt triumphierend, daß ihr Komplex einzig und allein »durch positives Geld zu heilen ist«.[6]

Nur zu diesem Zweck war sie überhaupt in die Schweiz gekommen: um sich finanziell zu sanieren. Brief an Franz Hessel (3. Juli 1907): »Gehe mit Mühsam nach Ascona um gemeinsame Raubzüge zu machen.« Ascona war dafür insofern bestens geeignet, weil es im Ruf stand, Fluchtort einer großen bürgerlichen Aussteigerbewegung reformerisch gesonnener Menschen zu sein, die sich von den Sünden der Zivilisation reinwaschen wollten. Und das hieß natürlich, sich erst einmal vom Eigentum und privaten Geldbesitz loszusagen.

Erich Mühsam kannte dieses weltanschaulich gut gedüngte (und naturbelassene) Terrain sehr gut. Er war schon 1904 einmal dort gewesen, um sich der Observation durch die preußische Polizei zu entziehen und um im Auftrag seines Berliner Freundes, des Agrarsozialisten Siegfried Landauer, die Frage zu prüfen, ob man auf dem »Monte Verità«, in der Kolonie der Nacktbader, Zivilisa-

tions-Emigranten, Ich-Sucher und Vegetarier die »erste
europäische Landkommune« ansiedeln könne.
Mühsams Mission verlief damals negativ, allerdings hin-
terließ er seine »Ascona-Broschüre«, worin er, nach einer
obligatorischen Salatkur im Sanatorium des Dr. Oeden-
koven, dieses Institut als »Salatorium« verspottete. Dazu
verfaßte er einen vielstrophigen »Gesang der Vegetarier«:
>>Wir essen Salat, ja wir essen Salat
Und essen Gemüse früh und spat . . .«
und so weiter.
>>Wir sonnen den Leib, ja wir sonnen den Leib,
Das ist unser einziger Zeitvertreib . . .«[7]
Mit diesem Ascona der Weltflüchtigen hatte die Gräfin
nicht das geringste im Sinn. Reformen waren ihr verdächtig und alternative Sinnsucher und Erlösungsapostel noch
aus der Zeit der esoterischen Zirkel in Schwabing-Wahn-
moching in schlechter Erinnerung. Sie war nach Ascona
gekommen, um eine gute Partie zu machen, und nicht,
um das bescheidene Leben der Reformer zu führen.
Auf Vermittlung ihres »Impresarios« Erich Mühsam
wollte sie zum Schein eine Ehe mit einem baltischen
Baron eingehen, der sich damals im Tessin herumtrieb
und dem im Falle seiner Verheiratung ein Riesenvermö-
gen zufallen würde. Der große Coup gelang, die Reventlow erhielt ihren Anteil aus der Beute, aber würde das
Geld auch bei ihr bleiben? Ahnungsvoll sucht sie seiner
Entscheidung an den Spieltischen Luganos zuvorzukom-
men. Endlich konnte sie es genießen, sich den Ausschweifungen des Geldes hinzugeben.
»Man sieht nur Geld, hört nur Geld, fühlt nur Geld, und
das ist gerade das, was mir nottat. Einmal gehört es mir,
einmal nicht, es rollt fort, schiebt sich wieder vor mich hin
– es muß sich passiv verhalten, kann sich keine eigenen
Launen mehr leisten, sondern muß sich denen des Rou-
lette fügen. Und ich tyrannisiere es, denn ob ich spiele, und
wie hoch, oder wieder aufhöre, steht in meiner Macht.

Baumann (Otto Groß) geht von Tisch zu Tisch und sammelt Material, um eine Abhandlung über Geldkomplexe zu schreiben. Meiner, behauptet er, sei jetzt erst auf dem Höhepunkt angelangt. Aber das interessiert mich nicht mehr. «[8]

>>Dort – im Konklave – berieten die Ecclesiasten
eines ästhetischen Vatikans die Nächte durch über den nächsten
Literaturpapst, bis der weiße Tabakrauch aufstieg.<<[1]

Als das gewichtigste Buch der Gräfin gilt unter Kennern
ihr satirischer Schwabingroman >>Herrn Dames Aufzeichnungen oder Begebenheiten aus einem merkwürdigen Stadtteil<<. Das Buch entstand wie die >>Amouresken<<
und der >>Geldkomplex<< in Ascona. Es enthält die detail-
getreue Schilderung ihrer Bekanntschaften mit den
Schwabinger Größen, den Kreisen um George, Wolfskehl, Klages und Schuler. Die Authentizität des Buches ist
wiederholt von denen, die dabei waren, bestätigt worden.
Karl Wolfskehl nannte es >>die beste Quelle, fast bis ans
Tatsächliche heran, jedenfalls doch für Stimmung und
Luft der Epoche<<.[2]
Der Klages-Forscher Hanns Eggert Schröder schrieb von
der Autorin, sie habe >>mehr als eine andere Gestalt das
Schwabingertum verkörpert. Zuletzt ist sie die geistreich-
sarkastische Chronistin dieser Epoche geworden.<<[3]
Rolf von Hoerschelmann, ein Freund der Reventlow, hob
ebenfalls den dokumentarischen Wert von >>Herrn Dames
Aufzeichnungen<< hervor. >>Wer diese Seiten durchgelesen
hat<<, notierte er in seinen Boheme-Erinnerungen >>Leben
ohne Alltag<<, >>wird etwas davon ahnen, was einmal
Schwabing hieß. Aber er wird den Kopf schütteln und
nicht daran glauben wollen.<<[4]
Der >>Dames<<-Roman zeigt die Gräfin von einer neuen
Seite, als satirische Dokumentaristin. Das war eine Wei-
terentwicklung ihrer bisherigen autobiographischen
Schreibweise. Thema ist nicht mehr allein das Selbsterleb-

F. Gräfin zu Reventlow
Herrn Dames
Aufzeichnungen

Albert Langen / München

Umschlagzeichnung von Alphons Woelfle (1913)

»Wer diese Seiten durchgelesen hat, wird etwas davon ahnen, was einmal
Schwabing hieß. Aber er wird den Kopf schütteln und nicht daran
glauben wollen.« (Rolf von Hoerschelmann)

te – jetzt treten die Figuren Schwabings in den Vordergrund: die »Kosmiker«, die »Esoteriker«, das ganze
Schwabinger Ästhetentum in seiner philiströsen Verstiegenheit.

Als Satirikerin führte sich die Gräfin mit einer Reihe
witziger Wortschöpfungen und treffender Charakteristiken ein. Auf den antisemitischen Klages münzte sie den
akademischen Ehrentitel »Dr. Langschädel«.[5] Den hölzern-feierlichen Stefan George nannte sie, in Anklang an
die Münchner Bierhochburg, den »Weihenstephan«. Für
den faulen Zauber der Kosmiker erfand sie das Bannwort
»Mirobuk«, aus Mirakel und Humbug, wie Székely vermutet.

Schwabing selbst, als kulturgeographische Kuriosität,
taufte sie »Wahnmoching« – eine witzige Verdichtung,
die Roda Rodas »Schwabylon« noch übertrifft. Für »Weihenstephan« macht übrigens ein anderer Schwabinger
seine Urheberschaft geltend, der Reventlow-Bekannte
Theodor Lessing. Bei ihm heißt George, um eine Nuance
präziser, der »Weihestephan«. Der junge Lessing, ein
Schulfreund von Klages, hatte sich beim Dichterfürsten
um Aufnahme in den »Kreis« beworben und ihm als
Talentprobe seine »Lauten und leisen Lieder« in die Hand
gedrückt.

»George blätterte lächelnd darin und beklagte das
schlechte Holzpapier.«[6] Dafür revanchierte sich Lessing
später mit folgendem Porträt: »George war zu der Zeit, da
wir ihn kannten, ein junger melancholischer Prinz im
Exil, herrisch und verhärmt. Um seine knochigen Schultern wehte der römische Mantel und auf dem dunkel
schimmernden, im Nacken mit sogenanntem Polkaschnitt grad gezirkeltem Gelock thronte statt einer Krone
der bürgerliche Zylinderhut. Stolz das junge Haupt zurückgeworfen, ging, nein schritt er durch das Café, wie
der Bischof durch die Mitte von Sankt Peter. (. . .) Selbst
hinterm Maßkrug bewahrte der Hohepriester eine so

138

würdige Haltung, daß mein Hohn ihn den Weihestefan nannte.«[7]

George und sein Kreis, darin Wolfskehl und Gundolf, ferner die Esoteriker und Kosmiker um Klages und Schuler und natürlich die Reventlow in wechselnder Begleitung, verkehrten häufig im Café Luitpold, dem damaligen »Dichterlager und Musentempel«, wo »die Konzile tagten, um zu beschließen, ob der Weltschmerz sich auf Menschenherz reimt oder nicht«.[8]

Außer im Luitpold tagten die Konzile auch im Café Stefanie, dem Schauplatz vieler Boheme-Romane, und vor allem im »Simplizissimus«, einer Künstlerkneipe mit Theke, Klavier und Bühne, die Wände tapeziert mit Kunst jeder Art – das meiste davon, wie Stammgast Mühsam berichtet, »als Äquivalent für unbezahlte Zechen«.[9] Im »Simpl« – häufiger Anlaufort der Reventlow-Rendezvous – fungierte Ringelnatz als Hausdichter, es gab ein eigenes Lokal-Kabarett (Mühsam, Blei, Scharf, Dauthendey, Ringelnatz), das mit Wedekinds »11 Scharfrichtern« konkurrierte (darunter Lautensack, Frank Wedekind selbst, von Gumppenberg und Falckenberg). Die spätere DADA-Diseuse Emmy Hennings, »auch eine Schleswigholsteinerin, trug im ›Simpl‹ ›niedliche Pikanterien‹« vor. (Mühsam) Der künstlerische Beitrag Franziska Reventlows bestand darin, im Auftrag der Wirtin Kati Kobus das Mops-Wappentier des »Simpl« zu malen, in fünfzigfacher Ausfertigung.

Die Gräfin selbst ist, trotz hautnaher Kontakte zur Schwabinger Brettlwelt, nie als Kleinkünstlerin in Erscheinung getreten, von ihrem Gastspiel im Studententheater abgesehen. Wie das Tagebuch ausweist, besaß sie allerdings eine heimliche Neigung zum Kabarett. Die dort notierten Träume lassen vermuten, daß sie einen Hang zum Kalauer hatte, den sie unterdrücken mußte, weswegen er sie im Schlafe heimsuchte. Im Münchner Fasching notierte sie folgende Eintragung: »Ein Vers beim Nachmittagsschlaf.

Café Luitpold in München

»In diesen Bazars der abendländichen Boheme, in diesen Moscheen
eifersüchtelnder Nomadensekten, kniete man noch vor dem Altar des
Frauenaktes.«[7]

Recken und blecken ist starr und stamm,
Ich bin der König von Kalikamm. –
Ganz Schwabing mußte lachen.« (Tagebuch, 16. Februar 1906)

Ein anderes Beispiel: »Schloß Winkel, 11. Oktober 1906. Geträumt, daß Hoffmann (Wolfskehl) in einer Grotte herumraste und für eine Nymphe schwärmte. Zuletzt stand er da und schrieb an die Wand:

Kommst du zum Frühstück, quell ich ungespundet.
Frühstückst du nicht, so bin ich tief verwundet.«

Der Brettlkunst verwandt sind ihre Versuche, sich für den »Simplizissimus« als Autorin von kleinen Satiren zu profilieren. Etwa »Das jüngste Gericht«, ein Sketch, in dem sie die Zensurgelüste der Staatsanwaltschaft verspottet, die selbst noch im Himmel Gericht halten würden. Darauf wird sie prompt von einem Staatsanwalt angezeigt, wegen Gotteslästerung. In der nächsten Ausgabe kontert sie mit einer neuen Satire, worin sie unter dem Titel »Das allerjüngste Gericht« ihre eigene drohende Gerichtsverhandlung parodiert. Das war 1898. Der Reventlow ist damals nichts passiert; wie gefährlich es war, sich mit den Staatsanwälten des Kaiserreichs anzulegen, erfuhren wenig später Wedekind und der Simplizissimus-Zeichner Th. Th. Heine: Wegen »Majestätsbeleidigung« erhielt der eine sieben, der andere sechs Monate Festungshaft, Herausgeber Langen mußte ins Ausland fliehen.

Sechs Jahre nach ihrem Debüt als Satirikerin, auf dem Höhepunkt der Wahnmochingerei (1904), tritt die Gräfin erneut an die Öffentlichkeit mit einem selbstgefertigten Blättchen in hektografierter Form, das sich »Schwabinger Beobachter« nennt. Drei Nummern dieser »satirischen Geheimzeitung« (Székely) gehen nachweislich auf die Reventlow und ihren Freund und Hausgenossen Franz Hessel zurück. Eine vierte, Mühsam berichtet auch von einer fünften Ausgabe, geht auf das Konto von Roderich Huch.

Die Flugblätter parodieren erfindungsreich den »Rassismus« der Kosmiker. Klages, der sich gerade von Franziska Reventlow getrennt hatte (oder sie sich von ihm), ist die Hauptzielscheibe des Spotts. Er tritt als der schon erwähnte »Dr. Langschädel« auf, »um ein für alle mal mein Volk zu wahren/Vor runden Schädeln und brünetten Haaren«.[10] Das war eine deutliche Anspielung auf den Schwabinger Antisemitismus, der vor allem bei Alfred Schuler notorisch war. Ihm ist eine Familienanzeige im »Schwabinger Beobachter« gewidmet: »ALFRED!! Kehre zurück! – – der Arier ist besudelt. mama.«

Zur Erinnerung: der mit seiner Mutter zusammenlebende Schuler fühlte sich als Re-Inkarnation eines antiken Römers und wäre sehr überrascht gewesen, so schrieb die Reventlow, »wenn sie ihm sagten, er lebe im 20. Jahrhundert und sei in der Pfalz geboren«.[11] Auf Schuler geht der Begriff »molochitisch« zurück; molochitisch, nach dem kinderfressenden Gott der alten Semiten, hießen in der Wahnmochinger Terminologie die Juden. Den molochitischen Juden stehen die »chtonischen Menschen« gegenüber, die erdhaften, die mit der Scholle verwachsen sind und eine »arische Blutleuchte« haben. Das alles mutet heute wie ein Selektions-Modell an, auf einer gedanklichen Rampe.

Die besten Witze des »Schwabinger Beobachters« gehen zu Lasten von Ludwig Klages, denn, so die Gräfin: »Klages ist die Hauptsache.« (Tagebuch, 10. September 1899) Sie läßt ihn – lateinisch »Lamentates« – ihre Autobiographie »Ellen Olestjerne« besprechen, jenen Erstling, der unter seiner »Oberkontrolle« entstanden und gerade erschienen war. Als »Dr. Lamentates« gibt er über das Buch ein »Bibliogrammatimantisches Urteil« ab – das Ganze ist eine herrliche Parodie auf den Klages-Stil, die »panegyrischen Elementarergießungen«.

Kostprobe: »Es gibt zwei Welten des Bewußtseins, das wußte Ellen nicht. Sie taumelte noch durch eine Welt von

Mondkratern, wohl dämmerte mißdeutetes Urgedächt-
nis in der Traumerhellung ihres Nachtwandels, in ihrem
Leben blieb eine unbildende Sehnsucht nach dem Allzuer-
füllbaren zwischen den Dampfpfeifen und Rädern der
Gegenwart.«[12]

So geht es noch eine Weile weiter, und dann plaziert die
Gräfin eine letzte Bosheit gegen den Geliebten, als Adieu.
»O Ellen«, läßt sie ihn klagen, »warum warst du eine
Ellen und warum blieben deine Buhlen immer John-
nies?«[13]

Der blaue Dunst und der braune

»Warte, Schwabing, Schwabing warte,
dich holt Jesus Bonaparte.«[1]

Ernst Bloch nannte die Gedankengänge von Klages und
Schuler »romantisch-reaktionäre Ausbiegungen« und
zählte sie zu den frühen Quellen völkischer Weltanschau-
ung.[2] Auf Klages münzte er den Ausdruck »kompletter
Tarzan-Philosoph« – eine Kennzeichnung, die unter den
heutigen Umwelt-Denkern möglicherweise als Ehrentitel empfunden wird. Die Ökologiebewegung interpre-
tiert Ludwig Klages als einen der wichtigsten Fort-
schrittskritiker in diesem Jahrhundert. Klages' Thema ist
die Natur- und Menschenzerstörung durch die »Maschi-
nengesellschaft« und die technisch-rationalistische Vernunft. Er zählt zu den Vordenkern der Jugendbewegung,
den »Naturschutz« bezeichnete er als seine letzte Leidenschaft. Für die Versammlung auf dem Hohen Meißner,
1913, verfaßte Klages das Manifest »Mensch und Erde«,
worin Sätze stehen wie diese: »Eine Verwüstungsorgie
ohnegleichen hat die Menschheit ergriffen, die ›Zivilisation‹ trägt die Züge entfesselter Mordsucht und die Fülle
der Erde verdorrt vor ihrem giftigen Anhauch. So also
sehen die Früchte des ›Fortschritts‹ aus!«[3]
Als die Reventlow den jungen Klages kennenlernte, war
er bereits eng befreundet und geistig verbrüdert mit
Alfred Schuler. (Siebzehn Jahre nach dem Tod Schulers,
1940, veröffentlichte Klages den Nachlaß seines Freundes,
versehen mit einer »Einführung«, worin er im Zusammenhang mit Schulers Antisemitismus auf Alfred Rosen-
berg verweist – und die »Weisen von Zion«).[4]

144

Die Schwabinger »Enormen«
Wolfskehl, Schuler, Klages, George, Verwey (1902)

Schuler und Klages, die Unzertrennlichen. Sie waren gegen alles Verstandesmäßige, das sie für spießbürgerlich hielten, sahen die Aufklärung im Gegensatz zum »Blut« und beklagten das »kritische und intellektuelle Prinzip, welches die anwachsenden Seelennöte und Instinktverarmung des Menschen verdeckt und recht eigentlich der Parasit und das Krebsgeschwür am Leben ist.«[3] Über Herkunft und Verkörperung dieses Prinzips ließ Ludwig Klages keinen Zweifel: »Das ist jenes Prinzip, welches man am richtigsten bezeichnet mit Worten wie Judaismus, Semitismus, Jehovaismus und dessen geschichtlicher Träger die jüdischen Menschen sind.«[5]

145

Dieses antisemitisch aufgeladene Ressentiment gegen Intellektuelle (»Die Intellektuellen wischt man mit dem Putzlumpen weg«; »verstandeshochmütige Gehirnstrolchereien«)[6] war die Haupttriebkraft der Klages-Schulerschen Rausch- und Lebensphilosophie, in welcher der »Geist als Widersacher der Seele« und als eine christlichjüdische Verschwörung gegen den arischen Instinktmenschen dargestellt wurde.

Im Wahnmoching-Roman entwirft die Gräfin, ohne die Tragweite ihrer Beobachtung zu ahnen, ein teils erheiterndes, teils beklemmendes Szenarium vor-faschistischer Gedankengrübeleien. Die Wahnmochinger »ästimieren die blonden Menschen mehr als die braunen«;[7] ihren Freund Franz Hessel, im Roman »Willy«, läßt sie sagen: »Sie schätzen meine Rasse nicht, sie lassen nur blonde Langschädel gelten.«[8] Und dann ein Klartext, der direkt aus einem Schuler-Vortrag übernommen sein könnte: »Die Arier repräsentieren das aufbauende, das kosmische Prinzip, die Semiten dagegen das zersetzende, negativ-molochitische.«[9] Die Wahnmochinger, die eine Trübung der »arischen Quellgeister« befürchten, hoffen »auf das Zustandekommen einer neuen heidnischen Blutleuchte im Zentrum Wahnmochings«.[10] Endziel dieser Hoffnung ist ein Ort, ein »Zustand«, wo die Individualität aufhört und jedes Einzelleben sich an die Blutleuchte der Rasse verliert. »Wahnmoching«, schreibt die Reventlow, »lehnt den Individualismus ab und lehrt, daß der einzelne wenig in Betracht kommt.«[11] »Das Ziel dieses Stadtteils ist, daß alle Individualität aufhört, jedes Einzelleben sich an die Allgemeinheit verliert.«[12]

Ein Studentenulk? Oder die Vorahnung der späteren Münchner Aufmärsche instinktsicherer Tatmenschen, die mit dem Wegwischen der molochitischen Intellektuellen Ernst machten?

Es scheint, als müßte das Bild von der unpolitischen Gräfin noch einmal überdacht werden. Sie war unpoli-

Dr. Paul Stern – Franziskas »Sternchen«

Paul Stern war Mit-Autor des Wahnmoching-Romans. Die Kreidezeichnung stammt vermutlich von Franziska Reventlow. Der jüdische Privatgelehrte Stern entzog sich der Nazi-Verfolgung durch Selbstmord.

tisch, aber nicht betriebsblind, sie war beteiligt an den Wahnmochinger Umtrieben, aber sie hat sie durchschaut und politisch interpretierbar dargestellt.

Ihre eigene Position läßt sie im Roman den »Philosophen« formulieren, eine Figur, hinter der sich der jüdische Privatgelehrte und Reventlow-Freund Dr. Paul Stern verbirgt. Der Philosoph schätzt die »Wahnmochingereien«

nicht: »In Wahnmoching wird vor allem jede Vernunft und Klarheit in den Bann getan, weil sie ihnen« (Anm.: Klages, Schuler) »für verderblich und molochitisch gilt. Und das erlaube ich mir für bedenklich zu halten.«[13]

Paul Stern gehörte zu den engsten Freunden der Gräfin. Als sie den Schwabing-Roman schrieb, in Ascona, war er ihr von München aus mit ausführlichen Expertisen über Grundbegriffe und Inhalte der Klages-Schulerschen »Ausbiegungen« behilflich. Teile des Romans sind oft wörtlich dem lebhaft geführten Briefwechsel entnommen, der mit einer deutlichen Verstimmung Sterns endet. Grund dafür war die Weigerung der Gräfin, das Buch zu einem Angriff gegen die Freunde von einst zu machen, es politisch gegen den philosophischen Irrationalismus zu wenden. Außerdem war »Sternchen«, wie ihn die Gräfin nannte, darüber verschnupft, daß sie ihn nicht als Mitautor erwähnt hatte.

Der Zentralbegriff Wahnmochings war die »Blutleuchte«. Das Wort ist eine Erfindung Alfred Schulers und spielte bei den Kosmikern die Rolle eines Schlüsselwortes. Es entstammt dem größeren Zusammenhang der »rassischen Mythen«, worin das Blut als völkische Substanz verherrlicht wurde. »Blutleuchte«, »leuchtende Blutwelle«, das sind die »kosmischen Seelensubstanzen«, die nur in den Adern »enormer« Menschen kreisen, die im Idealfall blond sind und einen langen Schädel haben. Die dunklen Rundköpfe besitzen zu ihrem Leidwesen eine »semitische Blutleuchte« und versuchen sie einzutauschen. »Gebrauchter Blutleuchter als Ersatz für Schabbeslampen gesucht« – so stand es satirisch im »Schwabinger Beobachter«.

Die heutige Lektüre des Wahnmoching-Romans vermittelt den Eindruck, als habe die Reventlow damals eine Witterung aufgenommen und eine Spur verfolgt, die zu einem Tatort führte, von dem sie noch nichts wissen konnte. So läßt sie zum Beispiel ihren Freund Franz

Hessel als »Vampir« auftreten, der sich »von den enormen Substanzen anderer nährt«.[14] Sie konnte nicht ahnen, daß Hessel später als Jude (»Vampir«) von den Nazis ermordet wurde. Hessel ist nicht der einzige aus dem Schwabinger Freundeskreis der Gräfin, der aus rassistischen Gründen umgebracht wurde. Erich Mühsam gehört dazu, Theodor Lessing. Paul Stern, Franziskas »Sternchen«, entzog sich der Verfolgung durch Selbstmord.

Auf das Visionäre in »Herrn Dames Aufzeichnungen« macht auch Else Reventlow, die Schwiegertochter und Herausgeberin, im Vorwort zur Neuausgabe der »Gesammelten Werke« aufmerksam. Die Anschauung dieses Wahnmochings, so schrieb sie, »hinterläßt bei dem nachdenklichen Leser die beklemmende Ahnung, hier sei in Umrissen einer Satire unbewußt vorausgesehen, in welch schaurige Wirklichkeit sich 30 Jahre später die kosmogonischen Phantastereien verwandeln sollten«.[15]

Das letzte Abenteuer

»Das Leben ist so besoffen [...] man glaubt, man wäre nun eigentlich
beim Dessert, und auf einmal fängt man wieder an, in sich hineinzu-
schlingen, als ob das ganze Diner nicht gewesen wäre.«[1]

Jeder Bohemien und Lebenskünstler träumt davon, einmal im Leben den großen Coup zu landen, irgendeine
tolle Inszenierung, die viel Geld und Ruhm einbringt.
»Schicksal, was willst du von mir?« schrieb die Gräfin in
einer Zeit der Depressionen, Schulden und Krankheiten,
»Ewige Misere? Oder hast du irgend einen tröstlichen
Hauptcoup in petto?« (Tagebuch, 19. Oktober 1905)
Die Gelegenheit zu dem Hauptcoup kam überraschend in
einem Augenblick, als ihre wirtschaftliche Dauermisere
zum endgültigen Bankrott geführt hatte, und sie schon
entschlossen war, ihren Lebensunterhalt in Berlin zu verdienen, »auf der Friedrichstraße«. Die Gräfin sollte heiraten, eine »Ehe auf Distanz« eingehen mit einem herunter-
gekommenen russischen Baron namens Rechenberg, der
sich in Ascona herumtrieb und dem im Falle seiner Verheiratung ein Erbvermögen zufallen würde. Der Plan
stammte von Erich Mühsam. In seinen »unpolitischen
Erinnerungen« erzählt er, wie die Gräfin darauf reagierte.
»›Sagen Sie mal, Gräfin‹, sagte ich, ›Sie sollen eine Baronin werden.‹ ›Sie sind wohl verrückt?‹ entgegnete sie, und
dann setzte ich ihr die Geschichte auseinander. ›Wie heißt
der Kerl?‹ fragte sie nach kurzer Überlegung und meinte
dann: ›Rechenberg ist ganz praktisch. Da brauche ich ja
nicht einmal die Monogramme in den Taschentüchern
umzusticken.‹«[2]
Die Einzelheiten des Komplotts besprachen sie in einem
kleinen Montmartre-Café in Paris, wo die Gräfin vor-

Augen: blau
Nase: normal
Gesichtsform: oval
Gesichtsfarbe: hell

München 3. Februar 1915.

K. Spanischer Konsul

Fanny v. Rechenberg.

Russischer Paß für Fanny Rechenberg-Reventlow

»Großer Gott, sind das Tänze. Unsere Papiere müssen von allen möglichen Konsulaten beglaubigt werden. (...) Natürlich steht lauter Blödsinn
drauf, meine Eltern sind in München gestorben usw. – ferner: Beruf des
Bräutigams: Baron, der Braut: Gräfin. – Nun weiß ich doch endlich, was
mein Beruf ist.« (Briefe, Januar 1911)

Baron Rechenberg, der »Seeräuber«

Mit ihm ging Franziska Reventlow eine von Erich Mühsam inszenierte
Scheinehe ein, um den Schwiegervater zu beerben. Der Coup klappte,
aber das Geld ging beim Tessiner Bankkrach verloren. »Mein Bräutigam
hat Wahnvorstellungen, daß man ihm den Kopf abreißen könnte, säuft
Unmengen, ist stocktaub, daneben aber ganz Kavalier. Ich werde mit
Todesverachtung mit ihm zum Standesamt ziehen.«

übergehend eine Arbeit als Kartenverkäuferin in einer Kunstgewerbeausstellung gefunden hatte oder als Platzanweiserin in einem Kino – darüber gibt es verschiedene Darstellungen. Die Ehe sollte eine Scheinehe sein, geschlossen einzig und allein, um in den Besitz des Erbteils zu gelangen, welches der Bräutigam mit der Reventlow teilen wollte.

Es war ein Unternehmen, das genauso ablief, als hätte die Gräfin das Drehbuch dazu geschrieben, und das »Schicksal« Regie geführt. Ihre Unbedenklichkeit gegenüber Konventionen, ihr souveräner Humor, ihr Sinn für Situationskomik und schließlich ihre sprichwörtliche Begabung für das Pech – dies alles kam darin noch einmal zur Geltung – wie in einer Bühnenfassung.

Aus Ascona, dem Schauplatz dieses Heiratsschwindels in Adelskreisen, versorgte die Gräfin die alten Freunde in München mit den Details. Zum Beispiel der Bräutigam: »Es ist ein Seeräuber. Wettergebräunt, [...] Reithose und russischer Bluse. Versoffen und [...] ganz taub. [...] Hat Angst vor Frauen, weil er fürchtet, sie möchten ihm den Kopf abreißen, und vergewaltigt sie dann aus Angst.« »Aber daneben ganz Kavalier und ein guter Kerl. [...] Werde mit Todesverachtung mit ihm zum Standesamt ziehen.«[3]

Dieser Baron Rechenberg-Linten, ein Kurländer mit finnischen Gütern und russischem Paß, zählte damals zu den »mythischen Persönlichkeiten« in Ascona. Er soll ein abenteuerliches Leben als Matrose und als Goldwäscher im Ural hinter sich gebracht haben. Ein riesiger Kerl, stocktaub und ständig besoffen, dabei steuerte er ein Automobil durch das Tessin, drei Bernhardiner und einen echten Wolf im Fond – und einen Revolver im Gürtel.

Die Gräfin in einem Brief an Franz Hessel: »Das ganze Dorf gratuliert mir jetzt, und mir kommt diese Position als Banditenbraut sehr komisch vor. Neulich begegnete der Seeräuber uns auf der Landstraße und erklärte, er habe für Bubi einen jungen Tiger gekauft. Wir zweifelten

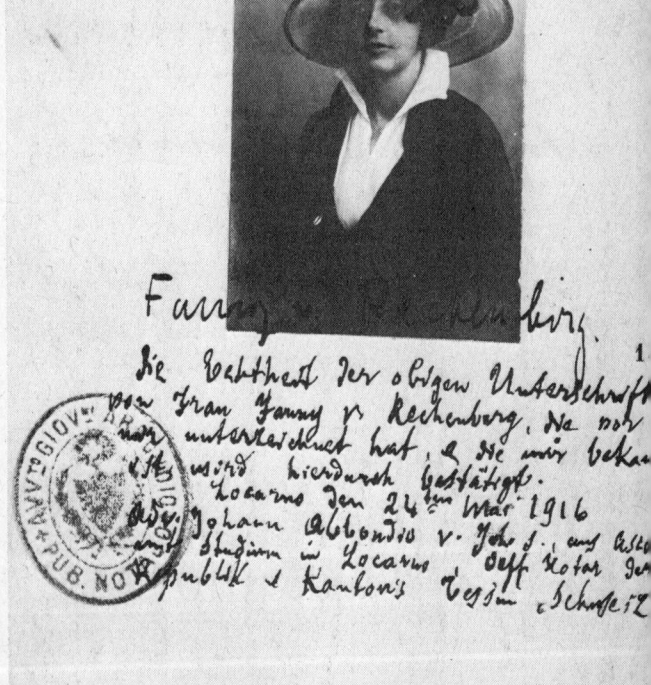

Schweizer Visa für Fanny Rechenberg
Franziska Reventlow war durch ihre Ehe zur Baronin Rechenberg und
Russin geworden.

keinen Moment und waren etwas enttäuscht, daß es nur eine Tigerdogge war.« »Für Bubi schwärmt er, und Bubi hat es sehr imponiert, wie er eines Nachmittages mit einem großen roten Regenschirm aus dem Dickicht hervorbrach und erklärte, er würde ihn als seinen Blutssohn annehmen und zu seinem Erben einsetzen.«[4]

Rolf Reventlow erinnert sich noch sehr gut an seinen Stiefvater: »Er hatte die Angewohnheit, sich wie ein russischer Großfürst zu geben. Zum Beispiel liebte er es, italienische Musikbands in ein Cafehaus zu bestellen, damit sie ihm bis Mitternacht vorspielten. Mich hat er dann gefragt, ob die Kerle gut spielen, er selbst hat ja keinen Ton gehört. Wenn ich dann sagte Ja, dann zog er irgendwo Geld aus der Tasche und warf es ihnen vor die Füße. Er ist dann an Wassersucht gestorben, der Alexander von Rechenberg.«

Dieser Exilrusse, eine der letzten exemplarischen Gestalten der Boheme, hat seine Spuren in der Literatur hinterlassen, zum Beispiel als Säufer »Cyrus von Roßberghe« in dem Roman »Das göttliche Gesicht« von Bruno Götz. Die Reventlow setzte ihm im »Geldkomplex«, worin sie ausführlich die Komödie ihrer Verheiratung beschreibt, ein Denkmal, als der »Miterbe«.

Die Ehe mit dem Russen veranschaulicht noch einmal die operettenhaften Züge ihres zwischen Komik und Tragik schwankenden Lebens. Die Gräfin, die nun Baronin geworden war, in einem Brief: »Geheiratet haben wir auch, vor vierzehn Tagen. Kirchliche Trauung, die wegen Rußland sein mußte. Sämtliche Dorfbewohner standen mit ihren Kindern am Arm herum.« Dann ganz wie der junge Brecht: »Und wir legten unsere Zigaretten nur weg, um ›Si‹ zu sagen.«[5]

Die Gräfin war im Strandkleid erschienen, der Bräutigam in seinem Matrosendreß, der Schwiegervater im Bratenrock und Zylinder. »Es war wieder mal ein Film zum Filmen, am filmsten.«[6]

Die Trauung fand in einer Kirche oberhalb von Ascona statt, in dem Bergnest Ronco. Rolf Reventlow ist der einzige noch lebende Zeuge, der in der Kirche dabei war: »Der Pastor war ein Deutsch-Schweizer, zu dem ist der Alexander Rechenberg hingegangen und hat ihm gesagt: Pastor, halten Sie keine Rede, sonst fängt meine Frau an zu lachen! Aber der alte Herr, der Vater von Rechenberg, war schon vorher bei dem Pastor gewesen und hat ihm hundert Franken in die Hand gedrückt, das war damals viel Geld, und hat ihm gesagt, er soll eine schöne Rede halten. Das hat der dann auch gemacht, und wir saßen hinten in der Kirche und hielten uns die Taschentücher vor den Mund, um nicht zu lachen.«[7]

Es dauerte eine Weile, bis der alte Herr das Erbvermögen auszahlte, es war auch nur der Pflichtteil, denn irgend jemand hatte den Schwiegervater über die Farce in der Kirche von Ronco aufgeklärt. Aber auch die Hälfte des Pflichtteils, ihr vereinbarter Anteil, ergab noch eine für die Gräfin märchenhafte Summe von etwa 40 000 Franken.

Zum ersten Mal in ihrem Leben handelt sie geschäftsmäßig, finanzbewußt, und zahlt das Geld auf eine Bank ein – nur eine kleine Summe nimmt sie mit an die Spieltische. Kaum erledigt, kommt es zu einem Bankkrach, ausgerechnet ihre Bank falliert und das ganze Geld ist wieder weg. Kommentar der Gräfin: »Der Herr hat's gegeben, der Herr hat's genommen, gelobt sei der Name des Herrn.«[8]

Ein Tod in drei Versionen

»Bahnhöfe und Hotelzimmer – ich bin sehr glücklich.«[1]

Nach dem Bankkrach erfährt die Gräfin zum ersten Mal im Leben, was es heißt, Gläubiger zu sein: »Das gibt dem Geld gegenüber einen ganz anderen Gesichtspunkt. Wer weiß, ob es mich nicht doch noch respektieren lernt, wie es eben nur Gläubiger respektiert.«[2]
Den Streich, den ihr das Geld gespielt hatte, ertrug sie so wie alle anderen Schicksalsschläge: gelassen. Zwanzig Jahre Umgang mit Gerichtsvollziehern und Gläubigern hatten sie längst jedes Gefühl für bürgerliches Leben und Wirtschaften verlieren lassen.
Über Jahre pflegte sie bei jeder Abreise ihre jeweilige Daseinsform aufs gründlichste aufzulösen – »das altgewohnte Gefühl von Obdachlosigkeit, [...] wie ich lebe, [...] ist doch immer nur ein Zelt oder grüner Wagen«, heißt es im Tagebuch (25. Mai 1904).
Ungezählte Male ist die Gräfin umgezogen, zeitweise lebte sie zusammen mit ihrem Sohn überhaupt nur auf Reisen, in Hotels, Sommerfrischen und billigen Pensionen. »Ein unschätzbares Gefühl, nicht hier und nicht da, sondern einfach fort zu sein.«[3] Im »Geldkomplex«, diesem Boheme-Roman, den sie ironisch »Meinen Gläubigern« widmete, zieht sie Bilanz:
»Existenz, wirtschaftliche Basis und dergleichen sind mir zu fratzenhaften Begriffen geworden, unter denen ich mir nichts mehr vorstellen kann. (Ich werde nie mehr imstande sein), ohne die qualvollsten Zwangsvorstellungen eine Wohnung zu mieten, [...] Möbel zu kaufen, Dienstboten

zu engagieren, [...] Ich fürchte, ich werde überhaupt nie wieder wohnen können, nur mehr logieren, ganz oberflächlich, vorsichtig und ohne Zusammenhang.«[4]

Die heute jedem Schriftsteller geläufige Vorstellung, für das Alter vorzusorgen, durch Lebensversicherungen, Renten, verzinsbare Einlagen, wäre ihr, die nicht einmal den Anspruch erhob, eine Schriftstellerin zu sein, niemals in den Kopf gekommen. Das Alter war für sie nur ein psychologisches Problem. Der wichtigste Vorrat, eigentlich der einzige, von dem sie im Alter zu zehren gedachte, waren der Schatz ihrer erotischen Erfahrungen und die Gewißheit, »gelebt zu haben«. Ihr Programm fürs Altwerden schrieb sie schon frühzeitig in den »Amouresken« nieder – die Probe auf seine Tauglichkeit wurde ihr erspart. »Die beste Vorsorge fürs Alter ist jedenfalls, daß man sich jetzt nichts entgehen läßt, was Freude macht, so intensiv wie möglich lebt. Dann wird man dermaleinst die nötige Müdigkeit haben und kein Bedauern, daß die Zeit um ist. Für all die Leute mit verfehltem Leben, versäumter Jugend, überhaupt mit vielen Unterlassungssünden – für die muß es schrecklich sein, alt zu werden.«[5]

Franziska Gräfin zu Reventlow hat das Alter nicht mehr erlebt. Sie starb 47jährig, am 27. Juli 1918, in einem Krankenhaus in Muralto bei Locarno. Über ihren Tod gibt es mehrere Versionen. Ihr ehemaliger Geliebter Ludwig Klages hielt die Bemerkung für angebracht, sie sei »zur rechten Zeit« gestorben, da ihr weiteres Leben sonst »zur Banalität« geworden wäre.[6]

Curt Riess, der Chronist von Ascona, äußerte sich ähnlich: »Der Tod kam schnell, und das war gut so.« Die nähere Darstellung ihres Endes entspricht voll dem Untertitel seines Buches vom »seltsamsten Dorf der Welt«. Curt Riess: »Sie hatte eine Bergtour gemacht, war dabei gestürzt und hatte sich den Bergstock in den Unterleib gerannt. Ihre Zugehfrau fand sie schwer krank vor und

Das Grab in Locarno – jetziger Zustand

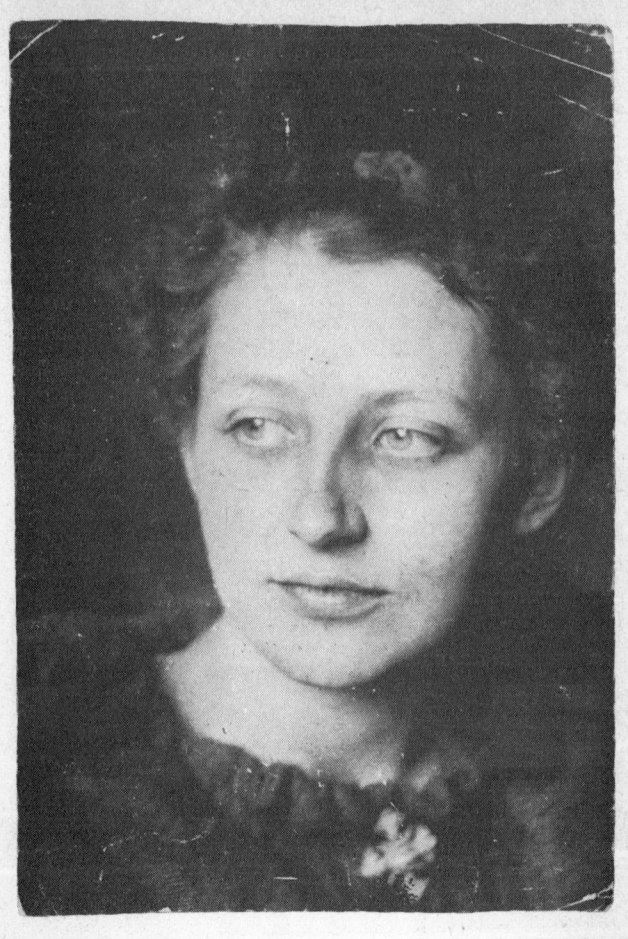

Franziska Gräfin zu Reventlow in Ascona
Eines der letzten Fotos der Gräfin

»Die beste Vorsorge für das Alter ist, daß man sich nichts entgehen läßt,
was Freude macht. Dann wird man später die nötige Müdigkeit haben,
und kein Bedauern, daß die Zeit um ist.«

rief den Arzt. Sie wurde operiert, doch erwachte sie nicht mehr aus der Narkose; eine Darmverschlingung hatte den Tod herbeigeführt.«[7]

In Wahrheit war ihr Tod auch ohne Ausschmückung ihrem Leben angemessen genug. Sie starb, weil ihr altes Leiden eine dritte Operation nötig machte, dieses »Unterleibsleiden«, das vage blieb, von dem aber bekannt ist, daß es keine Darmverschlingung war.

Nach dem Tod in der Narkose erschien in der »Weltbühne« ein längerer Nachruf auf Franziska Gräfin zu Reventlow. Darin heißt es: »Wie ihr Tod auch gewesen sein mag – vielleicht war er leicht nach all den qualvollen klinischen Operationen, vielleicht war er schwer nach all den spaßhaften finanziellen Operationen –: von Spott übertäubte Angst, von Witz übertönter Schmerz, das war Fanny Reventlows Leben. Spott und Angst, Witz und Schmerz zugleich mögen ihren Mund gefaltet haben, da sich ihr Kopf zum letzten Mal in die Kissen drückte, nicht anders als eine jener großen Damen des müden großen Frankreich, da sie ihr Haupt zum Henkerblock senkten.«[8]

Epilog

»Gehörst du einmal zum Zirkus,
so spring durch Reifen und schlage Purzelbäume . . .«[1]

Nach der Rechenberg-Affäre, die mit der Annullierung der Ehe und dem vollständigen Bankrott endete, plante die Gräfin, mittlerweile schon in die vierzig, sofort ein neues Abenteuer.

Rolf Reventlow erinnert sich: »Sie hatte da einen Zirkusmann an der Hand, ein chinesischer Akrobat, der wollte sie mitnehmen auf eine Welttournee, wo er als Messerwerfer um sie herum Messer geworfen hätte auf ein Brett. Das hat sie ganz ernsthaft ins Auge gefaßt, obwohl verschiedene Leute sagten, das sei doch etwas verrückt. Sie hatte etwas für den Zirkus übrig, sehr viel sogar, sie bedauerte es immer, daß sie in ihrer Jugend nicht ausgebildet worden ist, als Akrobatin oder sonst irgendwas im Zirkus.«[2]

Die Weltreise mit dem Messerwerfer ist nicht mehr zustande gekommen. Der Weltkrieg hatte sie zunichte gemacht – wie die Boheme insgesamt. Daß die Reventlow, die mit ihrem Werk den Schwanengesang schrieb auf die sterbende Boheme, sich am Ende ihres Lebens dem Zirkus anschließen wollte, war eine logische Konsequenz. Der Zirkus ist, nach dem Untergang der Schwabinger Luftschiffahrt, eine der letzten Daseinsformen des nicht seßhaften Menschen. Ein Reservat, wo das Abnorme als das Natürliche gilt, die ungewöhnliche Leistung als etwas Schönes und jede Art von Salto mortale bewundert wird. Wie der Akrobat, so verkörpert auch der Bohemien den Widerspruch gegen eine auf Zweck und Nutzen ausgerichtete Welt.

Die Reventlow liebte die Zirkusmenschen. Sie selbst war Virtuosin auf dem Fahrrad, leidenschaftliche Schlittschuhläuferin und Turnerin, sie kräftigte ihren Körper mit Hanteln und machte Gymnastik. Regelmäßig ging sie in ihrer Münchner Zeit in den Zirkus oder zu den Catchern, die damals noch Ringkämpfer hießen. Über ihre Zirkussehnsucht notierte sie ins Tagebuch (3. September 1905): »In den Zirkus. Komisch, ich habe doch jedesmal das Gefühl, das wäre eigentlich mein Beruf und mein Leben gewesen und zwar so stark, daß ich ganz von der Überzeugung durchdrungen bin. Ich hatte auch Talent gehabt, bis Gottes Hand mich traf.«

Lebensdaten

18. 5. 1871	In Husum geboren; der Vater ist preußischer Landrat, die Mutter eine Reichsgräfin zu Rantzau; die Erziehung ist ausschließlich auf die Heranbildung einer heiratsfähigen höheren Tochter aus adligem Stand gerichtet, wie es damals hieß.
1886/87	Die 15jährige Franziska im »Freiadeligen Magdalenenstift« zu Altenburg, einer Erziehungsanstalt für Adelstöchter; wird relegiert.
1889	Umzug der Reventlows nach Lübeck; heimliche Besuche im freigeistigen »Ibsen-Club«.
1890/91	Briefwechsel mit Emanuel Fehling, der Jugendliebe.
1892	Lehrerinnen-Examen; Flucht aus dem Elternhaus am Tag der Volljährigkeit.
1893	Franziska geht nach München, um Malerin zu werden.
1894	Heirat mit dem Gerichtsassessor Walter Lübke in Hamburg.
1895	Beginn des Tagebuchs.
1896	Scheidung wegen fortgesetzten Ehebruchs; Rückkehr nach München; wird von der Mutter enterbt; Beginn der Schwabinger Elendsjahre.
1. 9. 1897	Geburt ihres unehelichen Sohnes Rolf, genannt »Bubi«.
Mai–Dez. 1900	Reise nach Griechenland, »Samos-Reise«; Beginn der Arbeit am Jugendroman »Ellen Olestjerne«.
1897–1910	Die Münchner Bohemejahre, die »tolle Gräfin«; zahlreiche Bekanntschaften und Liebesaffären mit Persönlichkeiten Schwabings.
1903	Ehe zu dritt mit Franz Hessel und dem polnischen Baron Bogdan von Suchocki; »Ellen Olestjerne« erscheint.
1904	Ende der Liebesbeziehung mit Ludwig Klages; Affäre mit Wolfskehl.

1906 Reise mit dem Sohn nach Korfu. Nach der Rückkehr diverse Finanzcoups; die Gräfin im »Liebesreigen«; der endgültige Bankrott zeichnet sich ab.

1910 Flucht aus München; Beginn der Jahre in Ascona mit dem Sohn Rolf.

1912 Der Briefroman »Von Paul zu Pedro – Amouresken« erscheint in München.

1913 Scheinehe mit dem baltischen Baron von Rechenberg, um den Schwiegervater zu beerben; in München kommt der Roman »Herrn Dames Aufzeichnungen oder Begebenheiten aus einem merkwürdigen Stadtteil« heraus – eine Satire auf die Klages-Wolfskehl-George-Kreise in Schwabing.

1916 In München erscheint der humoristische Roman »Der Geldkomplex«, außerdem die Novellensammlung »Das Logierhaus zur schwankenden Weltkugel«.

1917 Befreiung ihres Sohnes aus dem deutschen Wehrdienst.

21. 7. 1918 Die Gräfin stirbt während einer Operation.

1919 Aus dem Nachlaß erscheint ihr letztes Werk, »Der Selbstmordverein« – Romanfragment.

Der Verfasser bedankt sich für Tonband-Gespräche, die er im Laufe des Jahres 1979 mit dem Leiter des »Klages-Archivs«, Hans Eggert Schröder in Marbach, mit den Literaturwissenschaftlern Silvia Bovenschen in Frankfurt, Elisabeth Lenk in Hannover, Johannes Székely in Köln sowie mit Rolf Reventlow in München geführt hat.
Dank auch für das Bildmaterial aus den Beständen des Deutschen Literaturarchivs in Marbach und der Handschriftensammlung der Münchner Stadtbibliothek.

Anmerkungen

Mottos

1 Tagebuch, 4. März 1895. Über dieser Eintragung steht die Zeile:
»Flaubert (Madame Bovary)«. Dieser Hinweis ist unrichtig. Es
handelt sich bei diesem Zitat um eine Passage aus Jakob Wasser-
manns Roman »Die Geschichte der jungen Renate Fuchs« (Berlin, 1925, S. 52). Dieser Roman liest sich übrigens wie eine
Vorstudie zum Leben der Reventlow.
2 Frank Wedekind, »Hidalla«, zitiert in: Karl Kraus, »Literatur und
Lüge«, München 1958, S. 20
3 Erich Mühsam, »Namen und Menschen«, Berlin 1977, S. 114,
149, 154 f.

Ein Gladiator der neuen Zeit

1 Else Lasker-Schüler, »Mein Herz«, Berlin 1920, S. 129
2 Karl Kraus, »Literatur und Lüge«, München 1958, S. 9 f.
3 Franziska Reventlow, »Von Paul zu Pedro« (Romane), München
1976, S. 16 f.
4 a. a. O., S. 38
5 Franziska Reventlow, »Ellen Olestjerne« (Gesammelte Werke),
München 1925, S. 573

Mein halbes Leben bin ich Jongleur gewesen

1 Korfiz Holm, »ich – kleingeschrieben«, München 1932, S. 215
2 zitiert nach H. E. Schröder, »Ludwig Klages. Die Geschichte
seines Lebens«, Bonn 1966, S. 251
3 zitiert nach H. E. Schröder, a. a. O., S. 252
4 Korfiz Holm, a. a. O., S. 153
5 zitiert nach H. E. Schröder, a. a. O., S. 252

6 Erich Mühsam, a. a. O., S. 201
7 Brief an Roderich Huch, Februar 1906
8 »Ellen Olestjerne«, a. a. O., S. 514 f., 526
9 »Ellen Olestjerne«, a. a. O., S. 690
10 Franziska Reventlow, »Der Geldkomplex« (Gesammelte Werke), S. 853 f.

Man lasse doch die Seele unvermählt

1 »Von Paul zu Pedro« (Romane), a. a. O., S. 45
2 ebenda, S. 68
3 ebenda, S. 63
4 ebenda, S. 87
5 ebenda, S. 58 f.
6 ebenda, S. 58
7 ebenda, S. 56
8 in: »Zürcher Diskußionen«, Jg. 2 Nr. 22 (1899), S. 2 f; vergl. auch: Franziska Reventlow »Das Männerphantom der Frau«, Aufsatz in: »Zürcher Diskußionen«, Jg. 1 Nr. 6 (1898), S. 1–8
9 »Von Paul zu Pedro« (Romane), a. a. O., S. 32
10 zitiert nach H. E. Schröder, »Klages«, a. a. O., S. 320
11 »Zürcher Diskußionen«, Jg. 2 Nr. 22 (1899)
12 Korfiz Holm, a. a. O., S. 154
13 zitiert in: H. E. Schröder, »Nordfriesland – Zeitschrift für Politik, Kultur, Wirtschaft«, Bd. 12 (Dez. 1978), S. 3 f.

Eigentlich gehöre ich allen

1 »Von Paul zu Pedro« (Romane), a. a. O., S. 19
2 »Der Geldkomplex« (Romane), München 1976, S. 177
3 »Zürcher Diskußionen«, Jg. 2 Nr. 22 (1899), S. 6
4 zitiert in: H. E. Schröder, a. a. O., S. 270
5 Karl Kraus, »Literatur und Lüge«, a. a. O., S. 11
6 zitiert in: H. E. Schröder, a. a. O., S. 321
7 »Ellen Olestjerne«, a. a. O., S. 575

Mutter und Tochter – der lange Krieg

1 Brief an Emanuel Fehling, 1. Mai 1890
2 Kurt Tucholsky, Gesammelte Werke, Reinbek 1960, Bd. 1, S. 425

3   Brief an Emanuel Fehling, 27. April 1890
4   Brief an Emanuel Fehling, 1. Mai 1890
5   Brief an Emanuel Fehling, 6. Juli 1890
6   Brief an Emanuel Fehling, 6. Juli 1890
7   Brief an Emanuel Fehling, 1. Mai 1890
8   zitiert nach Schröder, a. a. O., S. 258
9   Briefe, 24. April 1890
10 zitiert nach Schröder, a. a. O., S. 258
11 Brief an Emanuel Fehling, 29. November 1890
12 Erich Mühsam, a. a. O., S. 148
13 Brief an Emanuel Fehling, 22. April 1890
14 Brief an Emanuel Fehling, 23. November 1890
15 »Ellen Olestjerne«, a. a. O., S. 596

Madonna mit dem Kind

1   »Von Paul zu Pedro« (Romane), a. a. O., S. 56
2   »Simplizissimus«, Jg. 1 Nr. 5 (2. Mai 1896), wiederabgedruckt in
    »Gesammelte Werke«, a. a. O., S. 995 f.
3   zitiert in: H. E. Schröder, a. a. O., S. 314
4   Else Reventlow, »Biographische Skizze«, in: Franziska Reventlow, »Tagebücher 1895–1910«, Frankfurt 1976 (Fischer Taschenbuch 1702), S. 17
5   Friedrich Nietzsche, »Also sprach Zarathustra«, in: Werke in 3 Bd., München 1954, Bd. 2, S. 328 f.
6   Rainer Maria Rilke, »Briefe 1897–1914«, Leipzig 1950, S. 3 f.
7   Korfiz Holm, a. a. O., S. 155
8   Korfiz Holm, a. a. O., S. 156
9   Korfiz Holm, a. a. O., S. 163
10 in: »Neue Rundschau«, Jg. 8 (1897) – Quartal III/IV, S. 979–984; später nachgedruckt in der Novellensammlung »Das Logierhaus zur schwankenden Weltkugel«, München 1972 (Neuauflage)

Dionysos in der Trambahn

1   »Von Paul zu Pedro«, a. a. O., S. 26
2   Thomas Mann, Sämtliche Erzählungen, Frankfurt 1963, S. 286
3   ebenda, S. 289
4   vgl. H. E. Schröder, a. a. O., S. 274
5   »Herrn Dames Aufzeichnungen« (Romane), a. a. O., S. 128
6   ebenda, S. 168
7   Mieze Römermann, zitiert in: H. E. Schröder, a. a. O., S. 322

8 Theodor Lessing, »Einmal und nie wieder«, Gütersloh 1969, S. 427

9 ebenda, S. 249

10 zitiert in: H. E. Schröder, a. a. O., S. 270

11 zitiert in: H. E. Schröder, a. a. O., S. 323

12 »Von Paul zu Pedro«, a. a. O., S. 22

13 ebenda, S. 445

14 zitiert in: H. E. Schröder, a. a. O., S. 304

15 »Herrn Dames Aufzeichnungen«, a. a. O., S. 243 f.

16 zitiert in: »Marbacher Magazin – Schriftenreihe des Schiller-Nationalmuseums und Deutschen Literaturarchivs, Marbach am Neckar«, Nr. 8 – 1978, S. 11

17 Erich Mühsam, a. a. O., S. 235

18 »Herrn Dames Aufzeichnungen« (Gesammelte Werke), a. a. O., S. 781

19 ebenda, S. 783 f.

20 ein Ausdruck von Ludwig Klages, zitiert in: H. E. Schröder, a. a. O., S. 161

21 Brief an Klages, 26. Dezember 1901

22 zitiert in: H. E. Schröder, a. a. O., S. 223

23 »Herrn Dames Aufzeichnungen« (Romane), a. a. O., S. 167

Coeurbuben, Salonschurken

1 »Von Paul zu Pedro« (Romane), a. a. O., S. 25

2 »Der Geldkomplex« (Romane), a. a. O., S. 260

3 Karl Kraus, a. a. O., S. 20 f.

4 »Von Paul zu Pedro« (Romane), a. a. O., S. 31

5 H. E. Schröder, a. a. O., S. 322

Die Galerie der Typen

1 »Der Geldkomplex« (Romane), a. a. O., S. 278

2 Kurt Tucholsky, Gesammelte Werke, Reinbek 1975, Bd. 7, S. 218

3 »Ellen Olestjerne« (Gesammelte Werke), a. a. O., S. 583

4 »Von Paul zu Pedro« (Romane), a. a. O., S. 22 f.

5 zitiert in: H. E. Schröder, a. a. O., S. 314

6 »Von Paul zu Pedro« (Romane), a. a. O., S. 12

7 ebenda, S. 37 f.

8 zitiert in: H. E. Schröder, a. a. O., S. 272

9 »Von Paul zu Pedro« (Romane), a. a. O., S. 17

10 ebenda, S. 19

11 ebenda, S. 19
12 »Der Geldkomplex« (Romane), a. a. O., S. 278
13 »Von Paul zu Pedro« (Romane), a. a. O., S. 11
14 ebenda, S. 43
15 ebenda, S. 61
16 Marianne Weber, »Die Frauen und die Liebe«, Leipzig 1936,
    S. 194 f.

Schreibende Frauen, schrecklich

1 »Von Paul zu Pedro« (Romane), a. a. O., S. 75
2 in: »Marbacher Magazin – Schriftenreihe des Schiller-Nationalmuseums und Deutschen Literaturarchivs, Marbach am Neckar«,
   Nr. 8 – Jg. 1978, S. 13
3 ebenda, S. 13
4 Erich Mühsam, a. a. O., S. 147
5 »Weltbühne«, 14. Jg. (1918), S. 148 (vollständiger Nachdruck
   Königstein 1978)
6 Kurt Tucholsky, a. a. O., Bd. 9, S. 117
7 »Von Paul zu Pedro« (Romane), a. a. O., S. 75
8 Brief an Rolf von Hoerschelmann, »Ascona, Sommer 1912«
9 »Der Geldkomplex« (Romane), a. a. O., S. 266
10 ebenda, S. 267
11 in: »Zürcher Diskußionen«, Jg. 2 – Nr. 22 (1899), S. 7

Viragines

1 »Der Geldkomplex« (Romane), a. a. O., S. 304
2 in: »Zürcher Diskußionen«, a. a. O., S. 7 f.
3 ebenda, S. 2 f.
4 ebenda, S. 2
5 ebenda, S. 6
6 Gespräch des Autors mit Silvia Bovenschen, Juli 1979

Unter die Malweiber gefallen

1 zitiert in: Briefe an Emanuel Fehling (2. Juni 1890). Dazu die
   Bemerkung von Franziska Reventlow: »Denke daran, daß mein
   Los vielleicht ähnlich fallen wird.«
2 »Von Paul zu Pedro« (Romane), a. a. O., S. 97
3 Erich Mühsam, a. a. O., S. 150 f.
4 »Von Paul zu Pedro« (Romane), a. a. O., S. 82

Das war kein Heldenstück, Octavio

1 »Herrn Dames Aufzeichnungen« (Romane), a. a. O., S. 105

Bubi – die Reventlow und der Sohn

1 Sigmund Freud, Gesammelte Werke, Frankfurt 1961, Bd. 15, S. 143
2 Marianne Weber, »Die Frauen und die Liebe«, a. a. O., S. 185
3 zitiert in: H. E. Schröder, a. a. O., S. 321
4 Brief an Klages, »Ende Juni 02«
5 zitiert in: »Marbacher Magazin«, a. a. O., S. 17
6 Gespräch des Autors mit Rolf Reventlow, Sommer 1979

Orgien der Privatheit

1 Tagebuch, 8. Oktober 1904
2 zitiert in: H. E. Schröder, a. a. O., S. 273
3 ebenda, S. 325
4 »Weltbühne« (vollständiger Nachdruck), 14. Jg. (1918), S. 149
5 Erich Mühsam, »Namen und Menschen«, a. a. O., S. 11
6 Walter Mehring über Erich Mühsam, in: »Die verlorene Bibliothek«, Icking und München 1964, S. 143
7 zitiert in: H. E. Schröder, a. a. O., S. 159
8 »Der Geldkomplex« (Romane), a. a. O., S. 254f.
9 ebenda, S. 317
10 ebenda, S. 318

Das Triebleben des Geldes

1 »Der Geldkomplex« (Romane), a. a. O., S. 316
2 Ernst Bloch, »Das Prinzip Hoffnung«, Frankfurt 1976, 1. Bd., S. 72f.
3 »Der Geldkomplex« (Romane), a. a. O., S. 265
4 ebenda, S. 290f.
5 ebenda, S. 291
6 ebenda, S. 289f.
7 zitiert in: Curt Riess, »Ascona«, Zürich 1964, S. 28
8 »Der Geldkomplex« (Romane), a. a. O., S. 349

1 Walter Mehring, »Die verlorene Bibliothek«, a. a. O., S. 139
2 Karl Wolfskehl, »Zehn Jahre Exil – Briefe aus Neuseeland 1938–1948« (hg. von M. Ruben), Heidelberg – Darmstadt 1959, S. 288
3 zitiert bei H. E. Schröder in seinem Aufsatz »Franziska Gräfin zu Reventlow«, in der Zeitschrift »Schleswig-Holstein«, ohne Ortsangabe, Nr. 9 – Jg. 1978, S. 27
4 ebenda, S. 27
5 »Schwabinger Beobachter«, München, Nr. 1 Jg. 1904, S. 22
6 Theodor Lessing, a. a. O., S. 304
7 ebenda, S. 305 f.
8 Walter Mehring, a. a. O., S. 139
9 Erich Mühsam, a. a. O., S. 139
10 »Schwabinger Beobachter« Nr. 3 Jg. 1904, S. 42
11 »Herrn Dames Aufzeichnungen« (Romane), a. a. O., S. 128
12 »Schwabinger Beobachter«, Nr. 2 Jg. 1904, S. 29 f. (zitiert nach: Johannes Székely, »Franziska Gräfin zu Reventlow – Leben und Werk«, Bonn 1979, S. 72)
13 »Schwabinger Beobachter«, Nr. 2 Jg. 1904, S. 29

Der blaue Dunst und der braune

1 aus »Schwabinger Beobachter«, zitiert in H. E. Schröder, »Marbacher Magazin«, a. a. O., S. 21
2 Ernst Bloch, »Das Prinzip Hoffnung«, a. a. O., S. 65
3 Ludwig Klages, »Mensch und Erde«, Stuttgart 1973, S. 8
4 Ludwig Klages, »Einführung zu Schuler«, Leipzig 1940
5 zitiert in: Theodor Lessing, a. a. O., S. 241 f.
6 H. E. Schröder, »Ludwig Klages«, S. 219, 220
7 »Herrn Dames Aufzeichnungen« (Romane), a. a. O., S. 122
8 ebenda, S. 143
9 ebenda, S. 156
10 ebenda, S. 213
11 ebenda, S. 154
12 ebenda, S. 214
13 ebenda, S. 156
14 ebenda, S. 243
15 Else Reventlow, Vorwort zu: Franziska Gräfin zu Reventlow, Romane, München 1976, S. 6

Das letzte Abenteuer

1 Brief an Franz Hessel (3. Juli 1907)
2 Erich Mühsam, a. a. O., S. 153
3 Briefe an Franz Hessel (5. Januar 1911) und Paul Stern (Herbst 1910)
4 Briefe an Franz Hessel (2. Februar und 5. Januar 1911)
5 Brief an Friedel Kitzinger (Juni 1911)
6 Brief an Paul Stern (7. November 1917)
7 Gespräch des Autors mit Rolf Reventlow, Sommer 1979
8 Brief an Kitzingers, Frühjahr 1914

Ein Tod in drei Versionen

1 »Von Paul zu Pedro« (Romane), a. a. O., S. 50
2 »Der Geldkomplex« (Romane), a. a. O., S. 356
3 »Von Paul zu Pedro« (Romane), a. a. O., S. 50
4 »Der Geldkomplex« (Romane), a. a. O., S. 288
5 »Von Paul zu Pedro« (Romane), a. a. O., S. 91
6 Ludwig Klages, zitiert in: H. E. Schröder, a. a. O., S. 92
7 Curt Riess, a. a. O., S. 79
8 »Weltbühne« (vollständiger Nachdruck), 14. Jg. (1918), S. 148

Epilog

1 »Von Paul zu Pedro« (Romane), a. a. O., S. 36
2 Gespräch des Autors mit Rolf Reventlow, Sommer 1979

Anmerkungen zu den Bildtexten

Alle nicht gesondert ausgewiesenen Zitate in den Bildunterschriften finden sich im Textteil des Buches.

1 »Herrn Dames Aufzeichnungen« (Romane), a. a. O., S. 193
2 zitiert in: H. E. Schröder, »Ludwig Klages«, a. a. O., S. 258
3 Briefe, 16. April 1890
4 »Von Paul zu Pedro« (Romane), a. a. O., S. 22
5 »Herrn Dames Aufzeichnungen« (Romane), a. a. O., S. 194
6 Brief an Franz Hessel, 5. Oktober 1906
7 Walter Mehring, a. a. O., S. 139

Bildquellennachweis

Bildarchiv Preußischer Kulturbesitz, Berlin: S. 127
Deutsches Literaturarchiv – Schiller-Nationalmuseum, Marbach a. N.: S. 7, 15, 20, 21, 23, 33, 36, 38, 40, 45, 51, 53, 62, 65, 68, 76, 89, 115, 122, 137, 140, 145, 160
Stadtbibliothek München – Handschriftenabteilung, München: S. 31, 42, 43, 49, 66, 69, 73, 82, 94, 100, 104, 108, 111, 132, 147, 151, 152, 154, 159
Inge Werth, Frankfurt am Main: S. 118

Literaturangaben

Quellen

Tagebücher, hg. von Else Reventlow, Frankfurt 1976 (Fischer Taschenbuch Bd. 1702)

Briefe, hg. von Else Reventlow, Frankfurt 1977 (Fischer Taschenbuch Bd. 1794)

Gesammelte Werke, hg. von Else Reventlow, München 1925

Romane, hg. von Else Reventlow, München 1976

Das Logierhaus zur schwankenden Weltkugel, hg. von Else Reventlow, München 1972

Wenn nicht anders angegeben, stammen die Text-Zitate immer aus der Neuerscheinung »Romane«. Tagebucheintragungen und Briefzitate stammen aus den Fischer Taschenbüchern.

Benutzte Literatur

(Auswahl)

Martin Green: *Else und Frieda, die Richthofenschwestern,* ohne Ort 1976

Korfiz Holm: *ich – kleingeschrieben,* München 1932

Helmut Kreuzer: *Die Boheme,* Stuttgart 1968

Theodor Lessing: *Einmal und nie wieder,* Gütersloh 1969

Walter Mehring: *Die verlorene Bibliothek,* Icking und München 1964

Erich Mühsam: *Namen und Menschen,* Berlin 1977

Curt Riess: *Ascona,* Zürich 1977

Hans Eggert Schröder: *Ludwig Klages – Die Geschichte seines Lebens,* Bonn 1966

ders.: *Marbacher Magazin* 8/1978, Katalog der Ausstellung »Franziska Gräfin zu Reventlow/Schwabing um die Jahrhundertwende«

Johannes Székely: *Franziska zu Reventlow* (mit einer ausführlichen Bibliographie), Bonn 1979

Marianne Weber, *Die Frauen und die Liebe,* Leipzig 1936

»*Die Weltbühne*«, vollständiger Nachdruck, Athenäum Verlag, Königstein 1978

Franziska Gräfin zu Reventlow

Fischer Taschenbuch Band 1702   Fischer Taschenbuch Band 1794

Helmut Fritz
Die erotische Rebellion
Das Leben der Franziska Gräfin zu Reventlow
Fischer Taschenbuch Band 2250